LA

CAMPAGNE DE RUSSIE

DE

Vert

1812

avec les appréciations des principaux

écrivains militaires sur chaque épisode

PAR

J.-P. DE LABEAUDORIÈRE

PARIS

LIBRAIRIE DU *MONDE MILITAIRE*

G. KLEINER

6, Rue de la Chaise, 6

—

CAMPAGNE DE RUSSIE

(1812)

A LA MÊME LIBRAIRIE

———

La Campagne de 1866 avec les appréciations des principaux écrivains militaires sur chaque épisode. Par J.-P. de LABEAUDORIÈRE. 1 vol. in-8 de VIII-162 pages avec atlas.

———

LA
CAMPAGNE DE RUSSIE

DE

1812

avec les appréciations des principaux
écrivains militaires sur chaque épisode

PAR

J.-P. de Labeaudorière

PARIS

LIBRAIRIE DU *MONDE MILITAIRE*

G. KLEINER

6, Rue de la Chaise, 6

—

INTRODUCTION

Nous pouvons répéter en tête de ce travail ce que nous avons écrit au début de notre étude sur la *Campagne de 1866 en Autriche* : nous n'avons pas la prétention d'apprendre du nouveau... ce qui est neuf chez nous, c'est la méthode qui a présidé à l'élaboration de ce travail.

Comme on le verra par l'index bibliographique qui suit, les travaux sur la campagne de 1812 sont nombreux : nous les avons tous étudiés.

Mais l'un d'eux surtout à été notre plus précieux guide : c'est la *manœuvre de Vilna*, l'une des leçons professées par M. le général Bonnal à l'Ecole supérieure de guerre pendant les cours de 1893-1895.

C'est dire que notre travail personnel est un hommage au maître éminent qui préside à cette heure aux destinées de notre Ecole supérieure de guerre.

**
**

L'intérêt de l'étude de la campagne de Russie réside en deux faits capitaux : la manœuvre des masses d'hommes qui prirent part à cette guerre ; le pays au milieu duquel ses actions principales se déroulèrent.

On comprend alors pourquoi le Conseil supérieur de la guerre a décidé de comprendre la campagne de 1812 parmi les questions d'histoire de l'examen d'entrée à notre Ecole de guerre.

Cette lutte est unique dans l'histoire militaire. Le vaincu en est sorti non pas diminué, mais plus grand, aussi grand que s'il eut remporté la victoire.

Tous ceux qui ont écrit sur cette période sont unanimes à proclamer les difficultés que l'empereur eût à surmonter :

La partie était formidable, car si Napoléon disposait de troupes nombreuses, manœuvrières et bien commandées, la Russie avait pour elle l'immensité de son territoire et une race inépuisable de soldats, aussi durs aux privations qu'aux intempéries, que les sentiments religieux et patriotiques, confondus ensemble, pouvaient pousser jusqu'aux limites les plus extrêmes du stoïcisme. *(Bonnal.)*

L'idée qu'on avait à Berlin, était que Bonaparte trouverait sa perte dans l'immensité de la Russie, si ce pays savait tirer parti de ses grands espaces, c'est-à-dire réserver ses forces jusqu'au dernier moment et ne faire la paix à aucun prix. *(Clausewitz, p. 22.)*

Il faut avoir le courage de le dire : c'est l'armée la mieux préparée, la mieux commandée, une armée qui était au moins égale par le courage à son adversaire qui a succombé dans cette lutte.

Elle a succombé parce que toutes les forces naturelles et historiques, le sol et le climat, le patriotisme et l'horreur de l'étranger combattaient contre elle. Ces forces jouaient le rôle de multiplicateurs qui transformaient, au désavantage de la grande armée, les incidents en défaites, les défaites en désastres. Il eut fallu pour triompher une suite de chances heureuses qui se rencontrent parfois, comme à Marengo, mais sur laquelle il est téméraire de compter.

... D'ailleurs, ce qui a fait le succès de l'armée russe, ce qui l'a mise à même de profiter des chances qui se sont offertes, ce sont ses grandes qualités. L'obéissance absolue des soldats, le dévouement passionné de tous, l'amour du sol natal et le culte de la patrie lui ont permis de suppléer à l'insuffisance et à la médiocrité de ses chefs. *(Capitaine Bégouën, préface à la traduction de Clausewitz.)*

Et combien d'autres citations semblables pourrions-nous faire!

Nos lecteurs en rencontreront de nombreuses, au point de vue des enseignements à déduire de cette campagne, s'ils veulent nous faire l'honneur de nous suivre.

Notre ambition, en l'occurrence, est d'être un guide sûr.

INDEX BIBLIOGRAPHIQUE

Général Bonnal. *La stratégie de Napoléon* : La manœuvre de Vilna. (Cours de l'Ecole de guerre 1893-1895.)

Campagne de 1812 en Russie. Observations sur la retraite du prince Bagration, commandant en chef de la deuxième armée russe, par le colonel Chapuis. Paris, 1856, 1 vol. in-8.

Mémoires pour servir à l'histoire de la campagne de 1812 en Russie, suivis des lettres de Napoléon au roi de Westphalie pendant la campagne de 1813, par M. Albert Du Casse, capitaine d'état-major. Paris, 1852, 1 vol. in-8 avec une carte.

Mémoires pour servir à l'histoire de la guerre entre la France et la Russie en 1812, par Guillaume de Vaudoncourt. Paris, 1817, 2 vol. in-4, dont 1 de planches.

Petites causes et grands effets. — *Le secret de 1812.* (Causes supposées de la campagne de Russie); par Alfred Sudre. Paris, 1887, broch. in-8.

Okouneff. *Considérations sur les grandes opérations, les batailles et les combats de 1812 en Russie.* Paris, 1829, in-8.

Campagne de 1812. Extrait des mémoires de Bismarck, par M. de Meneval. 1847, in-8.

Mémoire rectificatif d'une partie du 15ᵉ volume de l'ouvrage de M. Thiers, intitulé : Histoire du Con-

sulat et de l'Empire, relative au passage de la Béré-
₹ina, par PAULIN, colonel du génie en retraite. Paris, 1863, broch. in-8.

Campagne de Russie, par le commandant MARGUERON,
chef de la section historique de l'état-major de l'armée. 7 vol. gr. in-8 avec un atlas.

Baron FAIN. Manuscrit de 1812. Paris, 1825, 2 vol.
in-8.

CAILLOT. Abrégé de la campagne des Français contre
les Russes jusqu'au mois de décembre 1812. Paris,
1813.

P. R. MARTIN. Histoire des deux campagnes de Saxe
en 1812, revue par M. de Norvins. Paris, 1833.

DURDENT. Campagne de Moscou en 1812. Paris, in-8,
1814.

Otetchestvennaïa Voïna 1812. g. publié par le comité
scientifique militaire de l'état-major général russe,
sous la direction de M. le général MYCHLAEVSKI.

V. C. La politique et la stratégie dans la guerre nationale de 1812. (Voiennyi SBORNIK. Mars 1901.)

COMBE (colonel). Mémoires du colonel Combe sur les
campagnes de Russie 1812, de Saxe 1813, de France
1814-1815. 1 vol. in-18.

DAVOUT. Correspondance du maréchal Davout, prince
d'Eckmühl, ses commandements, son ministère (1801-
1815) avec introduction et notes, par Ch. de Ma-
zade. 4 vol. in-8.

DENNIÉE (baron). Itinéraire de l'empereur Napoléon
pendant la campagne de 1812. In-12.

MARBOT (général baron de). Mémoires. Tome III.

THIÉBAULT (général baron).Mémoires du général baron
Thiébault. Tome IV.

VANDAL (Albert). *Napoléon et Alexandre Ier*. L'alliance russe sous le 1er empire. Tome III. *La rupture.*

NAPOLÉON Ier. *Correspondance militaire de Napoléon Ier* extraite de la correspondance générale. 10 vol. in-12 (tome VIII).

Colonel comte YORK DE WARTENBURG. *Napoléon chef d'armée*, traduit de l'allemand par Richert. 2 vol. in-8 (tome II).

NOEL. *Souvenirs militaires* d'un officier du premier empire.

POUGET. *Souvenirs de guerre* du général baron Pouget.

Mémoires du général comte de SAINT-CHAMANS.

Journal du général FANTIN DES ODOARDS.

Souvenirs du général baron PAULIN.

CONSTANT. *Mémoires*. T. IV.

GOHIER. *Mémoires*. T. II.

MARMONT. *Mémoires*. T. III.

SÉGUR. *Histoire de Napoléon et de la grande armée de 1812.*

JOMINI. *Précis politique et militaire des campagnes de 1812 à 1815.* T. I.

Zur näheren Aufklærung über den Krieg von 1812. (Etude destinée à apporter un peu de lumière dans la campagne de 1812.)

FEZENSAC (duc de). *Souvenirs militaires* de 1804 à 1814. Paris, 1870, in-12.

FEZENSAC (duc de). *Journal de la campagne de Russie en 1812.* Paris, 1850, in-8.

Mémoires de Napoléon : 18 notes sur les considérations sur l'art de la guerre. T. III.

BAUSSET. *Mémoires*. T. II.

GOURGAUD. *Napoléon et la grande armée en Russie* ou

Examen critique de l'ouvrage de M. le comte Ph. de Ségur. In-8.

Von Lossberg. *Briefe in die Heimath.* (Lettres à la famille.)

De Chambray. *Histoire de l'expédition de Russie.*

Auber et Roullion. *Campagne des Français en Italie, en Egypte, en Hollande, en Allemagne, en Prusse, en Pologne, en Espagne, en Russie,* etc. depuis l'an IV (1792) jusqu'au traité de paix du 20 novembre 1815. Paris, 4 vol. in-8.

M***. *Histoire de l'expédition de Russie.* Paris, 1823, 2 vol. in-8.

Rostopchine. *La vérité sur l'incendie de Moscou.* Paris, 1823, in-8.

Marco Saint-Hilaire. *Histoire de la campagne de Russie* pendant l'année 1812 et de la captivité des prisonniers français en Sibérie. Paris, s. d., 2 forts vol. in-8.

L. G. F. *Campagne de Russie* 1812. Paris, 1900. 2 vol. in-8.

Clausewitz. *La campagne de* 1812, traduit par le capitaine Bégouën. Paris, 1899. 1 vol. in-8.

OUVRAGES GÉNÉRAUX

Lieutenant-colonel Vial. *Histoire abrégée des campagnes modernes.* Tome I. Paris, 1876.

Rustow. *L'art militaire au XIXe siècle.* (Stratégie-Histoire militaire, tome I). Paris, 1882.

H. Bernard. *Traité de tactique.* Tome III.

PREMIÈRE PARTIE

Préliminaires de la Campagne.

CHAPITRE Ier

CAUSES POLITIQUES

SOMMAIRE. — Protestation de la Russie contre le blocus continental. Griefs de la France contre la Russie. — Rôle de la Suède pendant l'année 1810. — La Prusse essaie de se soustraire à ses engagements. — Idées de Napoléon en 1811. — Attitude belliqueuse de la Russie. — Alliance franco-prussienne de 1812. — Pourparlers de paix avec la Russie. — Alliance austro-française. — Nouvelles tentatives d'accord avec la Russie. — Prétentions de la Russie. — La guerre officiellement déclarée.

Le traité de Tilsitt, du 7 juillet 1807, avait constitué Napoléon Ier l'arbitre de l'Europe. Depuis, il ne cessait de poursuivre l'Angleterre de sa haine par le blocus continental, moyen sur lequel il comptait pour la ruiner.

La Russie fit entendre de nombreuses et sévères protestations contre cette mesure qui détruisait son commerce. Ce grief ne portant pas le fruit qu'elle en attendait, elle en souleva d'autres : l'occupation mi-

litaire de la Prusse par les armées françaises ; l'an-
nexion du duché d'Oldenbourg, et surtout la constitution du grand-duché de Varsovie dans laquelle elle
voyait la future restauration de la malheureuse Pologne.

Les griefs ne manquaient pas non plus du côté de
la France. Elle pouvait reprocher à la Russie l'ouverture de ses ports aux navires anglais ; le rappel des
troupes de Finlande et de Moldavie ; les préparatifs
militaires sur la Dwina et le Dnieper.

Aussi l'année 1810 fut-elle fertile en incidents. Napoléon rendit un décret, le 19 octobre, en vertu duquel toutes les marchandises de provenance anglaise
trouvées sur les territoires occupées par les troupes
françaises devaient être brûlées. Le commerce se res-
sentit de ces mesures et les banqueroutes se multi-
plièrent.

Du côté de la Russie, les travaux militaires qu'elle
faisait exécuter sur le front du duché de Varsovie, la
constitution de magasins et la concentration de
troupes sur ce même point ; la liberté aux navires anglais de débarquer dans les ports de la Baltique, lui
valurent de sévères remontrances. Le tsar répondit
à Napoléon I⁰ʳ le 19/3⁺ décembre par un ukase défen-
dant « tout commerce de la France avec la Russie,
en laissant subsister une partie considérable de celui
que la Russie fait avec l'Angleterre ».

La Suède ayant adhéré au blocus continental, Napoléon lui restitua la Poméranie suédoise et la prin-
cipauté de Rugen, avec leurs dépendances. Mais, dès
que les troupes françaises furent retirées, Charles XIII
se déroba à ses engagements et rouvrit ses ports aux

navires anglais. Elle fut rappelée à ses devoirs par la mise du séquestre sur les denrées débarquant en Poméranie.

Un événement important marqua cette même année en Suède. Le prince Augustembourg, l'héritier du trône, mourut des suites d'une chute de cheval. Bernadotte fut proclamé prince héritier. Le tsar crut, contrairement à la vérité, à une influence de l'Empereur : ce fut une nouvelle raison de brouille.

Au mois de décembre, la Suède déclara la guerre à l'Angleterre ; Napoléon s'offrit d'appuyer la première, mais il reconnut bientôt que c'était une feinte du nouveau souverain — Charles XIII avait abdiqué en faveur de Bernadotte — et rappela celui-ci à ses engagements.

La Prusse, malgré sa soumission à la France, s'occupait d'importants achats de chevaux et de matériel de guerre au lieu de tenir ses engagements.

Plusieurs fois on le lui rappela ; elle feignit de s'y soustraire. Napoléon la menaça et renforça les effectifs français d'occupation ; il exigea, au mois d'octobre, que les débouchés de la Vistule, de l'Oder et de l'Elbe fussent fermés à tout trafic de denrées coloniales.

Au mois de mars, la Hollande avait accepté une convention fermant ses ports aux Anglais et prohibant tout commerce de marchandises coloniales à l'intérieur.

*
* *

L'aurore de 1811 se leva aussi menaçant et troublé que l'avait été la fin de 1810. En France, Napoléon poursuivait toujours l'idée d'une alliance franco-russe et l'attaque de l'Angleterre, le blocus continental redoublant de vigilance pour faire le vide autour du commerce anglais.

La Prusse est belliqueuse, et malgré ses engagements elle continue ses préparatifs militaires. Les levées d'hommes se multiplient ; l'instruction de ces recrues terminée, elles sont renvoyées dans leurs foyers et remplacées par d'autres ; de cette façon, l'effectif de 40.000 hommes que la Prusse peut entretenir sous les armes n'est jamais dépassé. La plus grande animation règne dans les arsenaux, sous prétexte d'armements pour le blocus des côtes de la Baltique contre le commerce anglais. Napoléon renouvela ses menaces de réoccuper le pays si ses instructions n'étaient pas observées.

Du côté de la Russie, il est facile de voir qu'elle cherchait la rupture du blocus continental et un rapprochement avec l'Angleterre. Napoléon connaissait l'ukase du tsar affirmant toutes ses sympathies pour le commerce anglais et les armements sur la Dwina. Napoléon chargea Lauriston de l'ambassade de Saint-Pétersbourg, devenue vacante par le retour de Caulaincourt, rappelé pour raison de santé. Notre ambassadeur reçut la mission d'affirmer au tsar le vif désir de la France de continuer les meilleures relations avec lui, en protestant contre l'idée de rétablir le royaume de Pologne et contre des mouvements de troupes dans le nord. La seule chose qui pût briser les sympathies de la France pour la Russie était que celle-ci déchirât le traité de Tilsitt et consentît à la paix avec l'Angleterre.

Un service de renseignements établi sur différents

points du territoire russe vint confirmer toutes les présomptions contre la Russie. Riga, Dunabourg, Bobruisk, les rives de la Dwina et du Dnieper sont renforcés par d'importants travaux ; de nombreux magasins de vivres sont constitués ; des levées d'hommes augmentent les contingents ; des postes de Cosaques sont échelonnés sur tout le territoire limitrophe du duché ; partout des troupes en concentration et, enfin, au mois de juin 1811, arrive l'armistice suspendant les hostilités entre la Russie et la Turquie. Tels sont les graves indices qui tachaient l'horizon politique au mois de juin 1811 et qui faisaient cependant espérer à l'Empereur la paix et le meilleur accord avec la Russie.

Toutes ces mesures militaires sont continuées pendant le deuxième semestre de l'année par la Russie.

*
* *

Au début de l'année 1812, la Prusse n'avait que deux façons d'opérer : ou se jeter dans les bras d'Alexandre ou dans les bras de Napoléon : elle n'hésita pas à opter pour le dernier. Le traité fut signé le 24 février 1812.

Napoléon informa de cet événement l'aide de camp du tsar présent à Paris.

« Les mesures que je viens d'arrêter avec le cabinet de Berlin, dit l'Empereur, ont principalement pour objet d'éviter un éclat prématuré qui rendrait ensuite tout accommodement impossible. Dans la position où votre attitude hostile m'a placé depuis quelque temps, je devais m'assurer de la Prusse par un traité ou par un coup de main. Le désarmement était un parti trop violent pour ne pas déterminer aussitôt une rupture. Au contraire, l'alliance n'est qu'une précaution toute simple de ma part, mais qui laisse la grande question de la guerre ou de la paix intacte entre nous. »

Le représentant de la Russie exposa au souverain les griefs de son pays : Institution du duché de Varsovie et rétablissement de la Pologne ; occupation du duché d'Oldenbourg.

Napoléon affirma n'avoir jamais songé au rétablissement de la Pologne, et offrit d'en prendre l'engagement ; mais il ne pouvait laisser le pays d'Oldenbourg ou céder Dantzig, sans perdre le bénéfice de l'entrepôt qu'il avait enlevé aux Anglais et éviter qu'on n'en créât un à Dantzig. Il proposa le pays d'Erfurth en compensation.

La France reprochait à la Russie ses infractions au blocus continental et ses dispositions défavorables au commerce français. L'Empereur persista dans sa défense à la Russie de commercer avec l'Angleterre et sollicita un traité de commerce.

— Aucun de ces débats ne vaut un coup de canon, avait-il dit au représentant du tzar. Retournez auprès de l'Empereur Alexandre, vous lui remettrez cette lettre ; dites-lui bien surtout que je le prie de ne pas différer davantage la négociation qui doit mettre fin à tous ces malentendus.

Czernicheff quitta Paris le 25 février emportant les lettres de Napoléon pour le tzar et, en même temps, tous les documents militaires sur la préparation de la campagne qu'un misérable employé du ministère de la guerre — un nommé Michel — lui avait vendus.

En mars 1812, Napoléon annonça, par ses mesures militaires, la rupture avec la Russie. Cette nouvelle lui valut un traité d'alliance avec l'Autriche, qui fut signé le 14 mars à Paris. Le nouvel allié adhérait au rétablissement de la Pologne, à la remise à celle-ci de la Gallicie en échange des provinces illyriennes et s'engageait à fournir une armée de 40.000 hommes pour le 1er mai, d'unir ses démarches aux nôtres pour faire entrer la Suède et la Turquie dans la nouvelle Triplice. Dès lors, Napoléon espéra plus que jamais en la paix.

« On sait combien j'ai besoin de maintenir l'état de paix actuel pour consolider mon immense édifice et peut être cherche-t-on à connaître jusqu'où je puis me laisser pousser, écrit-il le 20 mars. C'est à qui intimidera l'autre et soutiendra la gageure. Je l'avoue, il me serait pénible que l'amitié de l'Empereur Alexandre ne fût qu'une illusion. Au reste, d'ici à peu de jours mes doutes vont s'éclaircir; si j'ai été trompé, du moins je ne serai pas pris au dépourvu, les demi-mesures ne sont guère ma méthode, et je prends mes précautions sur le plan le plus vaste. Quand les Russes verront que la Prusse, l'Autriche et probablement la Suède sont avec moi, et que les Turcs se raniment sous notre influence, je suppose que le cabinet de Saint-Pétersbourg ne se laissera plus aller si facilement à l'idée de me braver. »

L'activité russe ne se démentit pas un instant pour la préparation d'une lutte contre les armées françaises. Les nombreux conseils tenus entre les membres du gouvernement furent suivis de mouvements de troupes : c'était l'indice certain d'une rupture définitive de la paix.

Napoléon eût encore un moment d'hésitation bien que cependant ses armées étaient déjà en marche, ainsi qu'on le verra au chapitre II. Il chargea le duc de Bassano d'écrire à lord Castlereagh et de lui proposer une solution de la question franco-anglaise :

1° Indépendance et intégrité de l'Espagne, la France

repassant les Pyrénées et laissant à l'Espagne ses Cortès et sa dynastie régnante ;

2° Indépendance et intégrité du Portugal que l'Angleterre et l'Espagne laisseraient à la maison de Bragance ;

3° Statu-quo quant à Naples.

Joseph refusa de laisser la place à Ferdinand VII ; la question anglaise resta irrésolue.

Pendant cette négociation arriva la réponse de la Russie : elle imposait, comme préambule à tout accord, l'évacuation de la Prusse par l'armée française qui se retirerait derrière le Rhin. Une première entrevue eût lieu le 24 avril entre le baron de Serdobin, envoyé de la Russie, et le duc de Bassano ; le 27 avril, Napoléon reçut personnellement l'ambassadeur ; le lendemain, le duc de Bassano eut ordre de rompre avec le baron de Serdobin. Celui-ci adressa par écrit, le 30 avril, les conditions de la Russie :

1° Evacuation des états prussiens et de toutes les places fortes prussiennes ;

2° Diminution de la garnison de Dantzig ;

3° Evacuation de la Poméranie suédoise ;

4° Conclusion d'un arrangement avec la Suède.

Et alors, cet ultimatum admis, la Russie répondrait dans ce sens aux demandes de la France :

1° Sans renoncer au commerce des neutres, elle maintiendra les mesures prohibitives contre le commerce direct avec l'Angleterre ;

2° On conviendra du système de licence à introduire en Russie, à l'exemple de la France ;

3° On traitera par un arrangement particulier des

modifications à faire au tarif des douanes russes dans l'intérêt du commerce français ;

4° Enfin, on concluera un traité d'échange du duché d'Oldenbourg contre un équivalent convenable.

Napoléon ne pouvait acquiescer à un pareil programme, véritable humiliation pour la France. Il avait dépêché, au lendemain de la première conférence avec l'ambassadeur russe, M. de Narbonne à Saint-Pétersbourg pour développer devant le tzar la mission dont il avait chargé M. de Czernicheff.

Cette démarche n'aboutit pas. Pendant ce temps, les armées avaient marché; chaque souverain était venu au milieu de la sienne, pour l'encourager dans cette lutte de géants qui allait mettre aux prises la France et la Russie.

La Russie avait refusé de recevoir Lauriston chargé après Narbonne d'une mission toute particulière pour le tzar. Napoléon répondit à cette injure par la proclamation suivante, datée du 21 juin.

« Soldats, dit-il, la seconde guerre de Pologne est commencée. La première s'est terminée à Friedland et à Tilsitt; à Tilsitt, la Russie a juré une éternelle alliance à la France, et la guerre à l'Angleterre. Elle viole aujourd'hui ses serments; elle ne veut donner aucune explication de son étrange conduite, que les aigles françaises n'aient repassé le Rhin, laissant par là nos alliés à sa discrétion... La Russie est entraînée par la fatalité; ses destins doivent s'accomplir. Nous croit-elle donc dégénérés? Ne serions-nous donc plus les soldats d'Austerlitz? Elle nous place entre le déshonneur et la guerre : notre choix ne saurait être douteux. Marchons donc en avant, passons le Niémen, portons la guerre sur son territoire. La seconde guerre de Pologne sera glorieuse aux armes françaises. Mais la paix que nous conclurons portera avec elle sa garantie; elle mettra un terme à la funeste influence que la Russie exerce depuis cinquante ans sur les affaires de l'Europe. »

Cette proclamation fut la déclaration de guerre officielle.

CHAPITRE II

LA PRÉPARATION MILITAIRE.

Sommaire. — *a) Armée française.* — État militaire de 1810. — Premières bases de l'organisation de la grande armée **(3 janvier 1811).** — Organisation définitive de la grande armée (10 janvier 1812). — Mouvements de l'armée d'Italie. — Constitution de la grande armée (13 mars 1812). — Répartition des forces françaises (10 mars). — Les routes de l'armée. — Plan de campagne.

b) Armée russe. — Ordre de bataille. — Organisation militaire russe. — Opinion sur l'armée russe. — Élaboration du plan de campagne. — Critiques de ce plan.

I. ARMÉE FRANÇAISE.

L'Empereur s'occupa dès 1810 de la formation de la grande armée. Nous avions, à cette époque, en Allemagne et dans le grand duché de Varsovie :

Le corps d'observation de l'Elbe (maréchal Davout), avec 3 divisions d'infanterie, 2 de cavalerie et 80 pièces (60.000 h.) ; l'armée saxonne (20.000 h.) ; l'armée bavaroise (30.000 h.) ; l'armée westphalienne (20.000 h.) ; l'armée wurtembergeoise (15.000 h.) ; les contingents de Berg, de Hesse et de Bade (15.000 h.) ; l'armée polonaise (36.000 h.).

En France et en Hollande, le corps de l'Océan, entre Boulogne et Emden, 4 divisions (45.000 h.) ; en Italie, le prince Eugène pouvait disposer de 40.000 h. Et cela sans compter les forces immobilisées par les affaires d'Espagne et de Portugal.

Le 3 janvier 1811, l'Empereur jeta les bases de la *grande armée*. Elle devait comprendre :

Le 1ᵉʳ corps d'observation de l'Elbe (maréchal Davout) : 5 divisions d'infanterie, 2 brigades de cavalerie légère ;

Le 2ᵉ corps d'observation de l'Elbe (maréchal Oudinot) : 3 divisions d'infanterie, 2 brigades de cavalerie légère ;

Le corps d'observation de l'Océan (maréchal Ney) : 4 divisions d'infanterie, dont la 7ᵉ formée avec les Polonais et deux brigades de cavalerie légère ;

Le corps d'observation d'Italie (prince Eugène) : 3 divisions d'infanterie et 2 brigades de cavalerie légère ;

Le corps de réserve de cavalerie, comprenant 3 corps, ayant chacun une division de cavalerie légère et deux divisions de cuirassiers, sauf le 3ᵉ corps, dont l'une des divisions de cuirassiers était remplacée par une division de dragons.

La garde impériale comprenait 4 divisions.

Huit jours plus tard, l'Empereur informait Davout que son corps d'armée serait porté à 5 divisions d'infanterie, 3 brigades de cavalerie légère, une division de cavalerie de réserve et 180 bouches à feu, constituant ainsi, dit M. le général Bonnal « une masse de manœuvre destinée à procurer le temps de réunir la totalité des forces en des points convenablement choisis pour le cas où les Russes prendraient subitement l'offensive en Pologne. »

L'indiscrétion d'un employé du ministère de la guerre français révéla à la Russie les projets de l'Empereur. Les Russes rappelèrent leur armée du Danube, qui opérait contre la Turquie, et la dirigèrent sur le Dniéper. Napoléon ordonna à Davout, le 24 mars, de garder la ligne de Stettin à Magdebourg avec une division d'infanterie, une brigade de cavalerie légère sur l'Oder, une division d'infanterie et une brigade légère dans le Mecklembourg; de diriger la 3ᵉ brigade légère sur Dantzig.

Le roi de Wurtemberg s'étant ému des préparatifs de la Russie, écrivit à Napoléon; ce dernier lui répondit en le tenant au courant des mesures prises jusqu'ici par cet adversaire, et il ajoutait :

« Si l'empereur de Russie veut la guerre, la direction de l'esprit public est conforme à ses intentions; s'il ne la veut pas et qu'il n'arrête pas promptement cette impulsion, il y sera entraîné l'année prochaine malgré lui ; et ainsi la guerre aura lieu malgré moi, malgré lui, malgré les intérêts de la France et ceux de la Russie. J'ai déjà vu cela si souvent que c'est mon expérience du passé qui me dévoile cet avenir. Tout cela est une scène d'opéra, et ce sont les Anglais qui tiennent les machines. »

Dans l'incertitude de ne pas conserver la paix, l'Empereur ordonna d'organiser la place de Dantzig « la clef de tout », sur laquelle pouvait s'appuyer l'armée de Davout « manœuvrant entre elle et les places du bas Oder, en vue de menacer le flanc droit d'une armée russe qui aurait pénétré en Pologne. » (Bonnal).

Le 4 avril, Napoléon prescrit à Davout de constituer un approvisionnement de 500.000 rations dans Stettin « qui est le pivot », « c'est-à-dire le point de départ de sa ligne d'opérations, la place de dépôt d'où il tirerait ses ravitaillements et par laquelle il se relierait plus tard à la grande armée. »

Douze jours après, il indiquait au roi de Saxe les mesures à prendre pour s'opposer à l'envahissement du duché de Varsovie.

« La cavalerie doit rester sur les avant-postes et être placée en échelons de manière à retarder la marche de l'ennemi. »

... C'est-à-dire « former un dispositif de sécurité en profondeur, ou échelonné, présentant à l'ennemi, qui s'avancerait vers l'ouest, des éléments de plus en plus forts. » (Bonnal).

« L'armée (polonaise), ajoutait l'Empereur, doit être chargée de défendre aussi longtemps qu'elle pourra la Vistule, et lorsque ce ne sera plus possible, de manœuvrer toujours lentement sur l'Oder. »

... Remplissant « le rôle d'un corps de couverture opposé directement à l'invasion de l'ennemi. » (Bonnal).

Le 17 avril, l'Empereur plaça sous les ordres de Davout les Polonais et les Saxons, apportant ainsi un renfort de 50.000 hommes au maréchal pour appuyer son mouvement sur Glogau. Cependant les Polonais devront rester le plus longtemps possible sur la ligne de la Vistule, et, pour les soutenir, il prescrit à la garnison de Dantzig de détacher un corps de 6.000 hommes « pour assurer les communications avec Thorn, ce qui aiderait le prince Poniatowski à garder la Vistule. »

De nombreux incidents diplomatiques remplirent le mois de mai à la suite desquels Napoléon n'hésita pas à étendre le rôle qu'il avait fixé à Davout. Il prévint Clarke, le 23 juin, qu'à la fin du mois d'août, il porterait l'armée de l'Elbe à 120.000 hommes de troupes de campagne, soit 200.000 en y comprenant les garnisons des places fortes et les contingents polonais, westphaliens et saxons.

L'armistice entre la Turquie et la Russie mit entièrement le feu aux poudres, en rendant disponible l'armée russe du Danube et le refus de Napoléon de recevoir M. de Nesselrodes, envoyé du tsar à Paris. La saison seule retarda l'ouverture des hostilités, car on était en plein mois de décembre. Un service d'espionnage fut créé, tandis qu'en France l'Empereur complétait la grande armée.

« L'extension continue des cadres, résultat inévitable des formations nécessitées par la guerre d'Espagne et par la garde d'un immense territoire, avait conduit Napoléon à mobiliser dans chaque régiment d'infanterie de la grande armée, 5 bataillons de 800 hommes. Sur ces 5 bataillons, 3 étaient commandés par le colonel et 2 par le major. Un régiment formait dès lors une brigade aux ordres d'un officier général.

Napoléon rétablit en quelque sorte les canons de bataillon en dotant chaque régiment d'infanterie d'une batterie de 10 pièces, commandée et servie par des éléments pris dans le régiment. (*Bonnal*).

Le 25 décembre, il organisa 6 divisions de réserve de cavalerie, les 5 premières à chacune 3 régiments de cuirassiers, de 8 escadrons, la 6ᵉ de dragons, aux mêmes effectifs, et un régiment de lanciers à 3 escadrons, ces derniers « pour passer dans les intervalles et tomber sur l'infanterie, une fois mise en déroute, ou sur la cavalerie et la poursuivre, la lance dans les reins. »

Les 6 divisions de grosse cavalerie et 3 divisions de cavalerie légère formèrent 3 corps de cavalerie, ayant chacun 2 divisions de réserve et 1 division de cavalerie légère et 30 canons.

La réorganisation de la grande armée, prévue depuis un an, fut un fait accompli le 10 janvier 1812. Il — l'Empereur — ordonna aux commandants des 4 corps d'armée et aux chefs des autres formations d'être à leur poste le 15 février, ces corps étant :

le 1er corps, sur l'Elbe inférieur ;

le 2e — en Hanovre ;

le 3e — à Mayence et aux environs ;

le 4e — sur l'Adige et l'Adda.

Les divisions et les brigades de cavalerie devaient rompre du 15 au 25 pour « se diriger vers la zone de réunion générale de la grande armée. » (*Bonnal*).

L'armée d'Italie avait reçu des instructions dès le 8 février :

« Comme vous êtes le *pivot du mouvement* (de réunion), lui écrivait l'Empereur, il est nécessaire que, si cela était utile, vous retardiez votre mouvement (départ) d'un jour, afin que, lorsqu'il sera démasqué vous descendiez comme un torrent du haut du Brenner sur le Danube. Vous vous dirigerez sur Glogau... »

Comment la Russie prendrait-elle la nouvelle de l'arrivée de l'armée du prince Eugène au débouché du Brenner ? Y répondrait-elle par l'envahissement du grand duché de Varsovie ? En tout cas il n'y avait aucun péril avant le 15 mars, et nous allons voir par suite de quels moyens Napoléon para à cette éventualité.

Dès le 3 mars, il arrêta définitivement la composition de la grande armée, qui aurait, pour le 1er avril, 8 corps, 4 français et 4 étrangers, répartis comme il suit :

1er corps : 1re, 2e, 3e, 4e, 5e, 7e divisions, maréchal Davout.

2e — 6e, 8e, 9e divisions, maréchal Oudinot.

3º — 10ᵉ, 11ᵉ, 12ᵉ, 25ᵉ divisions (wurtembergeois), maréchal Ney.

4ᵉ — 13ᵉ, 14ᵉ, 15ᵉ divisions, prince Eugène.

5ᵉ — 16ᵉ, 17ᵉ, 18ᵉ divisions (polonaises), prince
Poniatowski.

6ᵉ — 19ᵉ et 20ᵉ divisions (bavaroises), général
Saint-Cyr.

7ᵉ — 21ᵉ et 22ᵉ divisions (saxonnes), général
Vandamme.

8ᵉ — 23ᵉ et 24ᵉ divisions (westphaliennes), général Reynier.

Trois jours plus tard, pour faire face aux premiers
courants de l'invasion du grand duché de Varsovie,
l'Empereur prescrivit à Berthier que Davout soit réuni
autour de Stettin avec son 1ᵉʳ corps, que la division de
cavalerie légère Bruyère soit à une marche à l'est de
Stargard, de façon à atteindre la Vistule en six ou sept
jours. Au 5ᵉ corps, sans faire de mouvements extraor-
dinaires, de se rapprocher de Varsovie, de détacher
une brigade de cavalerie légère et un régiment d'infanterie polonaise vers Thorn ; les Saxons, aux environs de Gruben, se tiendraient prêts à franchir l'Oder,
vingt-quatre heures après l'avis, et marcheraient sur
Varsovie.

Le 10 mars, Berthier faisait connaître à l'Empereur
la situation des forces en réunion en Allemagne.

1º AILE GAUCHE

1ᵉʳ, 2ᵉ, 3ᵉ corps, la garde, 1ᵉʳ et 2ᵉ corps de cavalerie :
241 bataillons, 182 escadrons (à 250 chevaux),
6.459 officiers, 220.657 hommes, 4.414 chevaux d'of-

ficiers, 37.624 chevaux de troupe, 18.081 chevaux du train, 557 bouches à feu.

2° Centre.

4ᵉ corps, garde italienne, 6ᵉ corps, 3ᵉ corps de cavalerie.

82 bataillons, 82 escadrons, 1.755 officiers, 82.335 hommes, 1.107 chevaux d'officiers, 14.498 chevaux de troupe, 8,410 chevaux du train, 208 bouches à feu.

3° Aile droite.

5ᵉ corps, 7ᵉ corps, 8ᵉ corps, 4ᵉ corps de cavalerie :
69 bataillons, 83 escadrons, 1.854 officiers, 74.283 hommes, 1.344 chevaux d'officiers, 13.721 chevaux de troupe, 9,412 chevaux du train, 159 bouches à feu.

Total général : 387.343 hommes, 98.311 chevaux, non compris les grands parcs, les Prussiens et les Autrichiens. (Prussiens 15.000, Autrichiens 35.000) soit en tout 427.000 hommes.

L'Empereur ordonna que ces troupes fussent disposées comme il suit, entre le 15 et le 25 mars :

En couverture : *à l'aile gauche,* la place de Dantzig pourvue d'une forte garnison et soutenue par la 7ᵉ division. *A l'aile droite,* le 5ᵉ corps (polonais) concentré sur la rive gauche de la Vistule, près de Varsovie, et relié aux troupes de Dantzig par un détachement posté à Thorn ;

En soutien de la couverture d'aile droite : le 7ᵉ corps (saxons) près de l'Oder, à Grüben, prêt à se porter en renfort du 5ᵉ corps sur Varsovie ;

En avant-garde de manœuvre, le 1ᵉʳ corps

(100.000 h.) près de Stettin, cavalerie légère sur la route de Thorn ;

Formant le gros, le 3e corps, autour de Torgau, le 2e corps à Magdebourg et environs et le 8e corps près de Wittemberg, tous les trois sur la rive gauche de l'Elbe. Le 6e corps bavarois à Dresde, le 4e corps, en route de Baireuth sur Dresde.

C'était en quelque sorte une position de grand'halte coupant la marche qui devait conduire, à la date du 1er avril, les 7e et 8e corps auprès du 5e corps, dans les environs de Varsovie et le 1er corps entre Thorn et Dantzig, pendant que les quatre autres corps (6e, 4e, 3e et 2e) atteindraient l'Oder entre Glogau et Stettin. (*Bonnal*).

Enfin, comme dernières instructions, avant que les hostilités fussent officiellement ouvertes, il nous reste à mentionner une lettre du 16 mars 1812, à Berthier, où l'Empereur indiquait le rôle de Davout en cas d'une offensive russe :

« Dans la supposition que les Russes ne quitteront pas leur frontière et ne commenceront pas les agressions... le principal sera de faire reposer les troupes, de bien les faire nourrir, d'organiser les ponts et têtes de pont de la Vistule, et d'être, en un mot, maître de partir de là pour commencer la campagne avec activité, si les hostilités ont lieu. »

Les conditions de la réunion générale des forces sont bien indiquées :

1o Sécurité et bien-être des troupes qui se rendent aux points qui leur ont été assignés sur la zone de rassemblement choisie en arrière d'un grand obstacle naturel;

2o Organisation des débouchés ;

3o Mise en main préparatoire au départ de l'armée dans la direction voulue. (*Bonnal*).

Un ordre du 10 mars avait organisé les routes de l'armée.

1° Route de Mayence-Magdebourg-Berlin-Kustrin-Posen avec embranchements sur Varsovie, Thorn et Dantzig, pour être prolongés ensuite jusqu'à la Vistule ;

2° Route Wesel-Magdebourg-Stettin-Dantzig avec prolongement sur Dirschau et Marienbourg ;

3° Route Hambourg-Stettin, d'où elle se continuait avec la précédente ;

4° Route Mayence-Wurzbourg-Bamberg-Leipzig-Torgau-Glogau-Posen, avec embranchement, par Kalish, sur Varsovie ;

5° Route de Vérone-Trente-Insprück-Augsbourg-Nuremberg-Bamberg où elle se confondait avec la précédente.

Quelques modifications furent apportées par l'ordre du 31 mars. La route n° 1, comportant 20 jours de marche et 3 séjours, fut soulagée par la ligne Eisenach-Leipzig-Berlin (17 jours de marche et 3 séjours). Une route Strasbourg-Dresde-Glogau, soulagea celle de Mayence ; une route Stettin-Marienwerder dégagea la route de Dantzig ; une route Berlin-Schwedt-Schemidemulk ; une route de Berlin-Francfort-sur-Oder-Posen ; une route Posen-Plock.

A partir du 16 juin, les communications furent réglées à nouveau : les détachements partant de Thorn suivaient la rive gauche de la Vistule en passant par Grandurz, Marienwerder, Marienbourg, Elbing, Kœnigsberg, Tapian, Gumbinnen, et arrivaient à Wilkowisky en 13 jours de marche et 2 séjours. Les routes ntermédiaires entre Thorn et Kœnigsberg furent supprimées. Les communications de Varsovie à Gumbinnen étaient assurées par Pulstuck, Vittenberg et Rastembourg, en 11 jours de marche et 1 séjour. Les détachements de Dantzig allaient à Kœnigsberg et de là se rendaient à Pillau.

Quel était donc le plan de l'Empereur ?

D'abord tromper les Russes pour rassembler toutes ses forces sur le Niémen, se diriger sur Vilna, ensuite sur Moscou.

Si les Russes commencent les hostilités, le roi de Westphalie, à la tête des 5e, 7e et 8e corps « verrait à couvrir Varsovie. »

La manœuvre que Napoléon réserve éventuellement au maréchal Davout est au fond la même que celle prévue l'année précédente. Elle consiste à profiter du territoire prussien s'étendant au nord de la zone d'invasion probable des Russes orientée sur Varsovie et Posen pour tomber dans leur flanc droit en s'appuyant à la place de Dantzig ..

Napoléon a choisi la forme offensive toutes les fois qu'il a pu disposer du temps, de l'espace et des moyens supérieurs.

Il a provoqué ou attendu l'attaque, au contraire, lorsqu'il s'est cru plus faible ou moins préparé que son adversaire.

En 1800, 1805 et 1806, son offensive s'est effectuée en vertu d'un plan fondamental, antérieur à la réunion de ses forces.

En 1796 et 1809, l'initiative appartenant de fait à l'ennemi, c'est par des contre-attaques qu'il a procédé, en partant d'un dispositif de défense voulu et préparé.

En 1812, Napoléon avait eu tout le temps de préparer la guerre contre la Russie.

Quand il écrivait, le 2 avril 1811, au roi de Wurtemberg « Dantzig est la clef de tout » ne prévoyait-il pas que la Basse-Vistule serait le point de départ d'une offensive générale dirigée vers le Niémen moyen ou inférieur ?

La bande de territoire prussien qui s'avance le long de la Baltique jusqu'au Bas-Niémen lui offrait la possibilité d'envelopper les forces russes qui marcheraient dans la direction de Varsovie, ou bien de les déborder si elles restaient en position sur la frontière.

C'était renouveler sur une plus vaste échelle les manœuvres d'Ulm et d'Iéna ; tourner le gros des forces ennemies au moyen d'une marche dérobée vers le Bas-Niémen, et venir offrir la bataille, à fronts perpendiculaires ou renversés, soit sur Byalistock, au cas d'une offensive russe, dans la direction de Varsovie, soit sur Vilna, dans le cas où l'ennemi serait resté en position le long des frontières.

On détruirait alors l'adversaire d'un seul coup en une grande bataille ne lui laissant même pas la possibilité de se rallier dans l'intérieur de son pays.

. . . .

Une autre considération d'ordre moral, très importante, devait faire pencher Napoléon pour l'invasion par le Nord.

Il connaissait mieux que personne l'indigence intellectuelle de l'état-major russe, et cette faiblesse devait être bien grande pour que l'empereur Alexandre eut choisi, comme conseiller militaire un Phull la risée de l'armée prussienne.

Si les généraux autrichiens et prussiens s'étaient montrés incapables de comprendre et, à plus forte raison, de mettre en pratique un système de guerre visant avant tout la destruction des forces actives, que devait-on attendre des généraux russes présumés plus inaptes ?

Les fortifications élevées au commencement de 1811 à Drissa et à Borizoff étaient une première réponse.

L'armée russe, si elle ne prenait pas l'offensive, emploierait tous ses efforts à se déployer en travers des routes de Saint-Pétersbourg et de Moscou afin d'en barrer l'accès aux troupes de Napoléon.

Dans le cas d'une offensive ennemie sur Varsovie et dans celui du maintien des forces russes en cordon le long des frontières de la Prusse et son grand-duché, la manœuvre de Napoléon par le Bas-Niémen aurait pour effet de rejeter l'aile droite russe sur l'autre aile et de précipiter le tout, après une grande bataille, dans les marais de Pinsk ou sur le Bug et la Vistule.

Nous pensons donc qu'en 1812, comme en 1800, 1805 et

3

1806, Napoléon, voulant prendre l'initiative des opérations, autrement dit l'offensive stratégique, a formé un plan fondamental avant de savoir positivement de quel côté il rencontrerait le gros des troupes ennemics.

Pour lui, la réunion principale des forces russes au nord des marais de Pinsk ne faisait aucun doute, mais il ne pouvait deviner où serait leur centre de gravité. (*Bonnal*).

II. Armée russe.

L'armée russe comprenait trois masses ou trois armées : la 1re armée ou de Lithuanie (150 bataillons, 134 escadrons réguliers, 72 escadrons de Cosaques) ; la IIe armée de l'ouest ou de Volhynie (58 bataillons, 52 escadrons réguliers et 30 escadrons de Cosaques). La IIIe armée dite de Gallicie (54 bataillons, 36 escadrons de cavalerie régulière et 30 escadrons de Cosaques) ; le corps de Finlande et l'armée du Danube.

Cette organisation comportait l'ordre de bataille suivant :

Général en chef: Barclay de Tolly, ministre de la guerre.

Ire armée (de l'ouest ou de Lithuanie) :
Barclay de Tolly.

1er corps : Wittgenstein (22.000 fantassins, 3.200 cavaliers).

Divisions d'infanterie : Berg, Sazonof.

Divisions de cavalerie : Schakowokoï.

2e corps : Bagowouth (15.000 fantassins).

Divisions d'infanterie: Alzuvief, Eugène de Wurtemberg.

1 brigade de cavalerie et le 1er corps de cavalerie Ouvarof (3.200 cuirassiers.)

3e corps : Touczof I (18.000 h.).

Divisions d'infanterie : Konowitzin, Strogonof.
1 brigade de cavalerie.
4ᵉ corps : Ostermann.
Divisions d'infanterie :_Tschoglokof, Bachmetief.
1 brigade de cavalerie.
5ᵉ corps : Schouvalof.
Division d'infanterie : Dorokof.
1 brigade de cavalerie.
6ᵉ corps : Doctorof.
Divisions d'infanterie : Kaptzewich, Likatchef.
1 brigade de cavalerie.
Corps de cavalerie de Cosaques : Platow (3.200
dragons).
Garde : Grand-duc Constantin.
Divisions d'infant. : Yennolof, Depreradowitch.
Division de cavalerie : Galitzin et 2ᵉ corps de cavalerie Korff.
3ᵉ corps de cavalerie : Pahlen (6.400, cavalerie légère).

IIᵉ armée (ou 2ᵉ armée de l'ouest) : prince Bagration.
7ᵉ corps : Rajewski.
Divisions d'infanterie : Kolionbakin, Paskiewicz.
Division de cavalerie : Wassilitchkof (cavalerie
légère : 6.400).
8ᵉ corps : Borosdin.
Divisions d'infanterie : Neverofskoï, Woronzof.
4ᵉ corps de cavalerie : Sievers (3.200 dragons).

Corps de Gallicie : général Tormasof.
Divisions d'infanterie : Scherbatof, Sacken, Ka-
menski, Markhof.
Division de cavalerie : Lambert.

Corps de Finlande : général Steinheil.

Armée de Volhynie ou du Danube :
amiral Tchitchakof.

Divisions Essen, Langeron, Balatof, Woïnoff.

Les forces disponibles de la Russie représentaient un effectif de 200.000 hommes au début des opérations, qui pouvait être porté au double après l'appel des réserves.

Depuis 1805, cette armée était en réorganisation. Elle s'était attachée à copier les réformes de Napoléon Ier, c'est-à-dire l'organisation de divisions à six régiments formant trois brigades, deux régiments de grosse cavalerie, deux régiments de cavalerie légère et trois batteries de quatre pièces. Les régiments d'infanterie avaient trois bataillons, mais le troisième constituait la base des divisions de réserve. Le régiment de cavalerie avait cinq escadrons, le cinquième était escadron de dépôt. En résumé, la division comprenait, sur pied de guerre : 12 bataillons, 16 escadrons, 3 batteries, soit 6.000 hommes, 1.600 chevaux et 12 canons.

On augmenta les régiments de chasseurs, on supprima la cavalerie des divisions et on en forma des divisions de cavalerie de cinq ou six régiments, qui furent réunies en corps de cavalerie.

Le mécanisme de leur armée était assez fidèlement copié sur celui de Napoléon, mais les Russes montraient encore peu d'intelligence de la guerre moderne. Ils cherchaient à y remédier en incorporant des officiers étrangers, entre autres des officiers prussiens à la suite des désastres de 1806 et de 1807. Les Russes se trompaient, il est vrai, très souvent dans leur choix et l'exemple le plus frappant en est le général Phull (1) qui était le conseiller militaire de l'empereur Alexandre au commencement de la guerre de 1812. En outre, les étrangers restaient habituellement dans les états-majors et n'avaient pas avec les corps de troupes le contact nécessaire. (*Rustow*, p. 433).

L'élaboration du plan de campagne russe fut laborieuse. Plusieurs projets furent soumis à l'empereur qui, sur les conseils de Phull, les repoussa. Au début de 1812, l'état-major russe proposa le projet d'offensive suivant :

Le corps situé à Charli, renforcé d'une ou deux divisions de l'armée principale, marche sur la Prusse par Jurburg et Tilsitt; il se concentre à Angerburg. Le reste de la Ire armée marche sur Varsovie par Olitta et Grodno; le corps d'observation s'établit entre Brest et Byalistock et forme la réserve; la IIe armée de Luzk vient par Lublin opérer sur les flancs et derrière des troupes adverses rassemblées à Varsovie Ce projet fut encore rejeté et ce fut celui de Phull qui triompha. En voici l'exposé et la critique.

1° *Se rapprocher de ses renforts.* — La région qu'on avait choisie était à 12 lieues de la frontière ; on espérait porter la Ire armée de l'ouest à 130.000 hommes, mais les renforts qu'on trouva étaient inférieurs à ceux qu'on avait attendus. Ils s'élevaient, d'après ce qu'on m'a dit, à 10.000 hommes et l'armée à 100 000 hommes. Ainsi, la retraite n'était pas assez longue pour qu'elle put procurer un renforcement notable.

Pourtant cette erreur du plan n'est pas une erreur de sa conception même. L'empereur Alexandre a pu se tromper lui-

(1) Voici une autre opinion sur Phull: Le général de Phull n'est pas un homme sans talents, mais c'est un homme qui a l'esprit de travers et qui, d'après son propre aveu, est incapable de conduire le plus petit détachement. (*Vie de Gneisenau*, t. II, p. 320).

même à ce sujet, et cette erreur est encore plus excusable chez Phull.

2° *Affaiblir l'ennemi par son propre mouvement en avant.* — Le résultat à obtenir sur un espace aussi petit, lorsque l'ennemi n'est arrêté par aucune forteresse, ne sera jamais considérable et devait être par avance considéré comme nul.

(Ce résultat fut en réalité très appréciable parce que l'entasse· ment de l'armée française, le manque de vivres et une semaine de fortes pluies causèrent aux Français plus de pertes qu'on ne le pourrait croire dans les quinze premiers jours. Mais tout cela ne pouvait être prévu à l'avance.)

3° *Faire attaquer l'ennemi en flanc et sur ses derrières par l'armée de Bagration.* — On ne peut regarder cette méthode comme efficace en soi. En effet, si l'armée de Bagration était assez forte pour combattre sur les derrières de l'ennemi, elle ne pouvait pas lutter avec lui de front. L'ennemi n'avait donc qu'à opposer à cette armée un détachement suffisant pour rétablir les choses en l'état en la paralysant et conserver en outre l'avantage d'être placé entre nos deux masses, de telle sorte qu'il lui était loisible d'attaquer chacune d'elles avec des forces supérieures.

Des manœuvres stratégiques sur les flancs de l'adversaire peuvent avoir un effet utile, mais il faut que sa ligne d'opérations soit très longue, que les provinces qui la bordent et les corps de partisans qui y circulent soient par eux-mêmes un danger qui demande, pour être paré, une somme d'efforts dont le résultat est l'affaiblissement de l'armée principale.

Ce fut le cas, en 1812, lorsque les Français eurent poussé jusqu'à Moscou et que pourtant ils n'étaient maîtres que jusqu'au Dnïéper et à la Duna, des provinces traversées par leur ligne d'opération.

Ces entreprises sont encore efficaces lorsque l'armée d'invasion est arrivée à la limite de sa force offensive. Alors, un succès sur l'armée, que nous lui opposons de front, ne peut plus lui servir et nous pouvons sans danger diminuer la force de cette armée. Il en est de même lorsque l'armée ennemie a été battue au préalable et qu'il ne s'agit plus que de lui interdire la retraite. C'est ce qu'a fait Tchitchakof, quand il s'est avancé en

1812 sur les derrières de Bonaparte. Dans tous les autres cas on n'obtient rien par le fait seul de tourner l'ennemi. Bien plus, ce procédé qui amène des résultats plus grands et plus décisifs, est aussi et nécessairement plus osé, c'est-à-dire qu'il exige plus de force que la simple résistance front contre front. Il ne convient donc pas au plus faible. Phull ne s'était pas clairement représenté tout cela; d'ailleurs, à cette époque, on n'avait pas l'habitude de réfléchir avec précision sur ces matières et chacun agissait, surtout, d'après son tempérament.

4° *Se servir d'un camp retranché.* — C'est un fait bien connu, que, dans une forte position, peu d'hommes peuvent résister à beaucoup. Mais il est à désirer que cette position ait ses derrières assurés comme celle de Torres-Vedras ou du moins soit intimement liée à une forteresse comme la position de Bunzelwitz pendant la guerre de Sept ans. C'est ainsi qu'on évite le danger d'être trop facilement affamé. On avait choisi pour le camp russe la position de Drissa sur la Duna. (*Clausewitz*).

Tels furent les préparatifs de cette campagne, dont nous allons étudier les différentes phases.

CHAPITRE III.

MARCHE DE L'ARMÉE FRANÇAISE VERS LE NIÉMEN

Sommaire — Premières dispositions pour la marche sur la Vistule. — Positions de l'armée le 25 avril. — Déploiement sur la Vistule. — Positions des armées sur la Vistule. — Nouveau plan de campagne de l'Empereur. — Marche vers le Niémen. — Passage du fleuve. — Mouvements des armées russes.

L'Empereur avait prescrit à Davout, dès le 6 mars, de se porter sur la Vistule où il occuperait les positions suivantes :

La cavalerie légère de Bruyères à une marche en avant de Stargard, coupant ainsi les directions de Kolberg, Dantzig et Bromberg; la 2ᵉ brigade de cavalerie du 1ᵉʳ corps à Lansberg, avec des postes dans la direction de Bromberg et de Posen; la division Desaix à Kustrin; les deux autres divisions sur la rive gauche de l'Oder, de façon que l'une d'elles, arrivant en un jour à Stettin, y franchisse le fleuve le lendemain, l'autre gagnerait ce même point le deuxième jour; la division Gudin à Stargard (r. d.); les cuirassiers établis de façon à franchir en un jour le fleuve et à appuyer ensuite la division Bruyères; les brigades de Berg, de Hesse-Darmstadt et suédoise dans la Poméranie suédoise; Poniatowski fournira 2.000 chevaux du côté de Thorn, tandis qu'il rapprochera du côté de Varsovie les détachements qu'il a à Posen et à Kalisch ; les Saxons à proximité de l'Oder pour le franchir 24 heures après en avoir reçu l'ordre.

Napoléon comptait que le 1er corps, après avoir gagné ces positions, emploierait douze jours, même dix, pour arriver par trois routes sur la Vistule.

Les premiers renseignements qui parvinrent à l'Empereur sur la position de l'armée russe, lui révélèrent la présence de 150.000 hommes « répartis en cordon » sur « un front de 400 kilomètres entre Scharloni et Slomin, par Vilna » et la réunion d'une autre armée, forte de 100.000 hommes, en Volhynie.

Il importait de retenir celle-ci sur le territoire de sa concentration. Napoléon répandit la nouvelle que Davout se porterait du Bas-Oder sur Varsovie. Malheureusement cette feinte fut déjouée par les Russes qui restèrent immobiles. La grande armée, profitant de cette immobilité, vint le 15 avril sur les positions suivantes :

Gros : Grand quartier général à Berlin.	Le 4e corps (armée d'Italie) et le 6e (Bavarois) à Glogau et environs sur l'Oder. Le 2e corps (Oudinot) autour de Berlin. Le 3e corps (Ney) à Francfort (sur l'Oder) et environs.
Couverture : (Roi de Westphalie.)	Le 5e corps (Polonais) à Varsovie, Modlin et Plock. Le 7e corps (Saxons) à Kalisch. Le 3e corps (Westphaliens) sur la route de Krossen à Kalisch.

	1 division à Thorn, avec le quartier général.

Avant-garde de manœuvre : (1er corps.)
{
1 division à Thorn, avec le quartier général.
1 division au nord de Kulm.
1 division à Marienwerder.
1 division à Dirschau.
1 division sur Dantzig.
1 division (la 7e) à l'est de Dantzig, dans l'île de Nogat.
1er corps de cavalerie et cavalerie légère, à l'est et à peu de distance de Thorn.
Corps prussien entre Kœnigsberg et Pillau, en extrême avant-garde. (*Bonnal*).

Dès ce moment allait commencer le « *déploiement stratégique* » sur la Vistule prévu par l'Empereur, et à propos duquel M. le général Bonnal s'exprime en ces termes :

Le déploiement stratégique que la grande armée devait effectuer sur la Vistule, de Radam à Dantzig, pendant la période comprise entre le 15 avril et les premiers jours de mai, répondait-il à un principe de guerre absolu, ou bien constituait il un cas particulier ?

Pour nous, Napoléon a formé la grande armée en bataille sur la Vistule, sur une étendue de 400 kilomètres et à 400 kilomètres de l'aile droite russe, déployée elle-même en cordon sur un front de 400 kilomètres, uniquement pour l'inviter à conserver son dispositif.

Eu égard à l'énorme distance qui séparait les forces directement opposées, Napoléon avait la certitude d'opérer à loisir le groupement de son armée, soit pour une contre-offensive, soit pour l'offensive pure, selon que les Russes avanceraient les premiers sur Varsovie ou bien resteraient immobiles.

... Ce déploiement, exécuté à grande distance de l'adversaire, constitue comme une position d'attente couverte par un obstacle naturel sur lequel on possède des débouchés fortifiés.

On peut conclure de là qu'un tel déploiement ne s'impose que lorsqu'il s'agit, dans la défensive, de voir venir l'ennemi, de discerner ses intentions et, dans l'offensive, de tromper l'adversaire sur nos propres desseins. (*Général Bonnal.*)

Nous ne pouvons suivre, au jour le jour, la marche de l'armée française. Le 15 mai, elle était réunie en cantonnements assez serrés sur les points suivants :

En première ligne :

Corps autrichien à Lemberg.

7e corps : (Vandamme)   Radom.
8e   —   (Reynier)   Varsovie.
5e   —   (Poniatowski) Modlin.
6e   —   (Saint-Cyr)   Plock.

En deuxième ligne :

4e   —   (prince Eugène) Kalisch.
3e   —   (Ney)   Thorn.
2e   —   (Oudinot)   Marienwerder.
1er   —   (Davout)   Dantzig.
Corps prussien :   Kœnigsberg.

Ce fut quinze jours après celui prévu par l'Empereur, que les troupes se trouvèrent réunies sur la Vistule. Le 1er juin, elles occupaient :

Corps prussien :   Kœnigsberg.
1er corps : (Davout)   Elbing et Marienbourg.
2e   —   (Oudinot)   Marienwerder.
3e   —   (Ney)   Osterode.
4e   —   (Eugène)   Soldan.
6e   —   (Saint-Cyr)   Mlava.

5ᵉ Corps : (Poniatowski) et 8ᵉ (Reynier) autour de Varsovie.

7° — (Vandamme) commence son mouvement démonstratif sur Lublin.

Dans cette situation, l'armée française pouvait manœuvrer à son gré et diriger ses coups où elle voulait, soit sur la basse Vistule avec l'aile gauche, ou porter son offensive principale sur Kowno, ou, avec l'aile droite, marcher soit de Varsovie sur Grodno, ou par Lublin sur la Volhynie.

L'Empereur quitta Saint-Cloud le 9 mai ; il arriva à Dresde le 18, à 11 heures du soir. Il y fut accueilli en souverain maître. Il séjourna en cette ville jusqu'au 28, et c'est là qu'il prescrivit, le 26 mai, les dispositions suivantes à son aile droite (roi de Westphalie) pour la journée du 5 juin :

Corps Poniatowski. Quartier général à Pultusk ; infanterie : Modlin, Sierosk, Sochoczin, Novemiasto, Pultusk, Makow, Przasnitz ; cavalerie : le long de l'Omulew jusqu'à Ostrolenka et Rozan.

8ᵉ corps. Quartier général à Praga ; infanterie à Kurczew, Stanislawow, Kamienczyck, et la rive gauche de la Narew et du Bug ; la cavalerie légère entre la Vistule et le Bug, Les bagages et les états-majors de cavalerie sur la rive gauche du Liwiec. Un pont sera jeté à l'embouchure du Bug pour assurer les communications avec Pultusk.

Le 7ᵉ *corps* se portera, le 6 juin, aux environs de Varsovie, en occupant toujours Pulawi avec sa cavalerie. Les détachements de cavalerie polonaise devront servir de rideau à sa marche.

Le quartier général *du 4ᵉ corps* des réserves de cavalerie sera entre Praga et le Liwiec, sur la route de Brzesc, sa cavalerie légère en pointe vers la frontière; les bagages, les caissons, l'artillerie sur la rive gauche du Liwiec.

L'armée du vice-roi, dont le quartier général serait, du 5 au 6 juin, à Soldan, devait être placée sur trois colonnes :

La droite, par Wyszogrod, Plonsk, Cicianow, Mlawa;

Le centre, par Plock, Bielsk, Drobin, Raciaz, Radzanowo, Szrensk, Sarnowo, Soldan;

La gauche, par Lipno, Serp, Biezun, Kuczbrock, Gurczno, Gilgenburg;

La cavalerie légère à Villenberg, Ortelsburg, Chorzellen et le long de l'Omulew;

La grosse cavalerie à Neidenburg et Janowo.

Dans une lettre qu'il écrivit à son frère, le même jour, l'Empereur complétait son ordre de mouvement par quelques autres renseignements. Il le prévenait que l'intendant général ordonnait le rétablissement des manutentions de Pultusk, d'Ostrolenka et de Przasnitz; que le commandant du génie faisait jeter un pont à Pultusk, relevait la tête de pont, rétablissait les batteries de la rive droite pour assurer la défense de la rive gauche, et construisait ou rétablissait les têtes de ponts et redoutes à l'intersection de la Narew et du Bug.

« Je vous recommande, disait-il, la tête de pont de Pultusk et de Sierock, sur la Narew et le Bug, parce qu'il serait possible que, dans un second mouvement, je laissasse l'ennemi maître du pays depuis les glacis de Praga, me contentant de conserver Praga,

Modlin, la rive gauche de la Vistule et la rive droite
de la Narew, depuis Modlin jusqu'à Sierock; et de là,
selon les circonstances, j'abandonnerais aussi la pres-
qu'île et me tiendrais à la rive droite de la Narew
jusqu'à Rozan et Ostrolenka; ou bien je garderais le
Bug depuis Sierock jusqu'à Brock. Il est donc convenable que le pont que vous ferez établir dans la pres-
qu'île soit le plus près possible de Sierock. Quant au
pont de Sierock, comme il est suppléé par celui de
Modlin, on pourrait se contenter du pont sur le Bug
et du pont de Pultusk sur la Narew et supprimer le
pont de Sierock (si cela devenait nécessaire et qu'il
fut sans aucune valeur) situé à Niewporewz, c'est-à-
dire placé sur les deux rives réunies, »

Il lui prescrivit la reconnaissance des bords de
l'Omulew jusqu'à Brock, et de la Liwiec; de commander 100.000 rations de pain à Lublin et d'y répandre le bruit de son arrivée avec 100.000 hommes.
« Il faut faire toutes les démonstrations pour faire
croire que vous allez vous réunir aux Autrichiens
avec 100.000 hommes; mais, le vrai est que votre
mouvement sera inverse, ce que je ne vous confie que
pour vous seul, et ce que je désire que vous teniez
très secret, sans le communiquer *même à votre chef
d'état-major.* »

Avant de poursuivre notre étude, il nous faut poser
cette question : Comment expliquer le retard de la
concentration sur la Vistule, quand on sait avec
quelle précision mathématique le souverain réglait
ses ordres de marche? Est-ce aux lieutenants de l'Empereur ou à des difficultés inhérentes au pays dans
lequel on se trouvait ?

M. le général Bonnal a accepté l'une et l'autre explication :

Un seul état-major d'armée fonctionne sous la direction du major général, un seul homme, l'Empereur, prévoit et ordonne, et lui seul dirige les services d'entretien.

Si, en fait, la grande armée se subdivise en trois armées, celles du centre et d'aile droite ne présentent pas l'ombre d'autonomie.

Napoléon ne dispose que de moyens de transmission lents et imparfaits, on devine quels retards les renseignements et les ordres durent subir pour aller de Varsovie, où se trouvait le quartier général de l'aile droite, à Dantzig puis à Gumbinnen, résidences successives de l'Empereur, vers la mi-juin.

L'esprit familial poussé jusqu'à la démence avait fait choisir à Napoléon deux parents bien médiocres pour commander son centre et son aile droite.

Le prince Eugène n'avait brillé, en effet, qu'au second plan sous Masséna, et le prince Jérôme, roi de Westphalie, allait faire ses premières armes. (*Bonnal.*)

Le passage de la Vistule s'opéra sans grande difficulté.

L'Empereur arrêta de nouvelles dispositions à son premier plan de campagne. Il les fit connaître à ses lieutenants, le 5 juin, en ces termes : « d'abord faire croire que vous allez entrer en Volhynie et tenir l'ennemi le plus possible sur cette partie, pendant que, le débordant sur son extrême droite, j'aurai gagné sur lui douze ou quinze marches dans la direction de Pétersbourg, je me trouverai sur son aile droite, je passerai le Niémen et lui enlèverai Vilna, ce qui est, depuis le premier jour, l'objet de la campagne. »

Ce plan « un des plus beaux et des mieux médités de ceux qu'il a conçus » (1), devait être dirigé par l'Em-

(1) Smitt : Zur Næheren Aufklærung über den Krieg von 1812 (p. 376).

pereur en personne avec les corps de la garde, Davout, Oudinot, Ney et les cavaleries de Nansouty et de Montbrun.

Eugène, Saint-Cyr et la cavalerie de Grouchy vinrent à Rastenburg, et se portèrent ensuite sur Suwalkt-Seïny, formant ainsi un échelon en arrière et à droite de l'Empereur. Cette force lui permettait de

D'une part, prendre en flanc toute opération offensive que pourraient tenter les Russes par Olita ou Grodno, et, d'autre part, dans la suite du mouvement en avant, contribuer à accentuer de plus en plus la séparation de Barclay et de Bagration. (*Yorck de Wartenburg*).

De nouvelles dispositions amenèrent en deuxième ligne le corps de Jérôme, composé des 5e, 7e, 8e corps et la cavalerie de Latour-Maubourg, en arrière et à droite, à Varsovie et sur la Narew. Le plan de cette armée était de feindre une marche sur Lublin, pour opérer sa jonction avec Schwarzenberg, et entrer ensemble en Volhynie.

On pouvait redouter une offensive de la part des Russes sur Ostrolenka, Sierosk ou Varsovie. Dans ce cas, Jérôme leur ferait face sur la Narew ou aux environs de Varsovie, en une attitude défensive, Eugène manœuvrerait sur leur flanc et l'Empereur arrivant de Vilna, leur couperait la retraite. Napoléon écrivit alors à Berthier (11 juin 1812) :

« L'important est que la droite ne se commette pas contre des forces supérieures et manœuvre réunie, de position en position ; que si la plus grande partie de l'amée russe se trouvait à cette attaque de flanc, il ne pourrait jamais rien arriver à la droite, qui aurait toujours pour refuge le camp retranché de Modlin et

la rive gauche de la Vistule ; mais qu'aussitôt qu'un
pareil mouvement de la part des Russes serait décidé,
je tomberais avec mon armée sur leur flanc droit et
sur leurs derrières. »

Macdonald, à l'extrême gauche, s'avançait par Ros-
sieny, et Schwarzenberg, à l'extrême droite, marchait
sur Lublin.

On voit donc que toute l'opération consiste à refuser l'aile
droite, échelonnée en arrière, tandis que la gauche, renforcée
et poussée en avant, enfoncera l'aile droite du dispositif ennemi
et opérera ensuite contre la ligne de communication du centre
et de l'aile gauche de l'adversaire (*Yorck de Wartenburg*).

Le 12 juin, l'armée française occupait les positions
suivantes :

Corps prussien	Labiau.
Cavalerie	Tilsitt.
1er corps entre Kœnigsberg et Intersburg.	
Cavalerie	Gumbinnen.
2e corps (2e ligne)	Preuss-Eylau.
3e corps	Gerdaunn.
Cavalerie :	Nordenberg et Goldapp.
4e corps	Rastenberg.
Cavalerie :	Litzen et Oletzko.
6e corps	Ortelsberg.
Cavalerie :	Arys et Johannisberg.

Le dispositif du 12 juin 1812 montre la grande armée partagée
en trois masses de colonnes.

La masse de droite a marqué le pas autour de Varsovie attendant le retour de son 7e corps envoyé précédemment en expédition démonstrative sur Lublin.

Les masses du centre et d'aile gauche, séparées par un intervalle de 50 kilomètres environ, se sont avancées à peu près à
la même hauteur et marquent la phase intermédiaire entre le

4

déploiement stratégique sur la Vistule et le dispositif échelonné, l'aile gauche en avant, qui précédera l'ouverture des
hostilités et dont la forme indique bien le genre de manœuvre
projetée. (*Général Bonnal.*)

Un autre maître a écrit, sur ce plan, des lignes d'où
se dégagent des enseignements que nous devons reproduire.

Nous voyons donc dans ce plan de campagne l'Empereur ex-
primer successivement les deux idées stratégiques qui ont présidé à l'ouverture de toutes ses campagnes offensives : 1° mouvement tournant stratégique autour d'une des ailes de l'ennemi
(1800, 1805, 1806, 1807, 1813); 2° percement stratégique de la
ligne de l'adversaire (1796, 1808, 1809, 1815); avec cela il choisit
toujours une opération qui lui permet d'avoir la masse de son
armée réunie sur une seule ligne d'opérations, c'est cette idée
simple, appliquée d'une manière logique, qui a fait la sûreté et
la grandeur de ses succès. Ces procédés offrent certes des avantages incontestables, qui sont dus à l'unité de direction et à la
possibilité constante d'opposer de suite la masse entière à tout
événement, même au plus imprévu. Mais devant l'effectif toujours grandissant des armées napoléonniennes, et l'accroisse-
ment plus formidable encore de celles de nos jours, on peut se
demander si ces avantages qui permirent aux armées de 1805 et
1806 de n'avoir qu'une seule ligne d'opération, subsistent encore pour les armées de 1812, et, à fortiori, pour celles de 1870.
(*Yorck de Wartenburg.*)

L'Empereur ne cessa d'inspecter toutes ces troupes,
attendant toujours la réponse du tzar aux propositions
dont était chargé Lauriston. L'empereur de Russie
refusa de recevoir notre ambassadeur, dans les conditions que nous connaissons déjà. Cette nouvelle
décida Napoléon à franchir le Niémen. Il vint le 21 à
Wylskowyszki, le 22 à Naugardyszki et le 23 il opérait
en personne, déguisé en lancier polonais, en compagnie du général Haxo, la reconnaissance des rives du

Niémen. Il choisit son point de passage entre Olita et Kowno, et le soir même il arrêta les dispositions pour l'opération.

Pourquoi cette région fut-elle choisie de préférence à une autre ?

La grande forêt de Wilkowisk forme en face de Kowno, sur la rive gauche du Niémen, un masque très favorable à la concentration de plusieurs corps d'armée destinés à surprendre ou à forcer le passage.

En choisissant Kowno comme point de passage, on permettait aux ravitaillements par eau, les plus sûrs et les plus importants au début de cette guerre, de venir sans transbordement de Dantzig jusqu'en ce point où le Niémen commence à porter les gros bateaux du commerce, à la condition toutefois que le maréchal Macdonald (10e corps) assurât au nord du fleuve, en aval de Kowno, une zone de protection.

Enfin, d'après le dispositif des forces ennemies que Napoléon connaissait assez bien, le débouché par Kowno plaçait l'aile gauche de la grande armée entre la droite (Wittgenstein) et le centre de l'armée de Barclay, alors séparés par un intervalle de plusieurs dizaines de lieues et permettait d'espérer que la majeure partie de cette armée serait débordée par sa droite et rejetée sur celle de Bagration, après que l'on aurait occupé Vilna, ville importante, capitale de la Lithuanie, située à quelques marches seulement de Kowno sur la route de Varsovie à Saint-Pétersbourg (*Général Bonnal*).

Trois ponts furent lancés, un à la gauche de la Jesia, les deux autres entre ce point et le village de Poniemon, à trois cents mètres environ l'un de l'autre ; un quatrième pont en réserve fut placé sur les hauteurs d'Alexota.

Les troupes occupaient les positions suivantes :

La garde à Naugardyszki ;

Davout en avant de Pilwiczki, au débouché de la forêt ;

Ney en avant de Mariampol;

Oudinot à Pilwiczki;

Eugène à une journée en arrière de Kalvaria;

Saint-Cyr à Czymochen;

Murat (cavaleries Nansouty et Montbrun) en vue de Kovno;

Grouchy devant Pilona;

Macdonald à Tilsitt;

Ponyatowski à Szczuczyn, quartier général de Jérôme;

Vandamme à Nowogrod;

Latour-Maubourg à Augustow;

Reynier aux environs de Novo-Minsk;

Schwarzenberg à deux marches au sud de Siedlce.

Elles furent amenées sur les bords du Niémen et un ordre particulier régla le passage du fleuve. Le 24 juin, Davout, Oudinot, Ney, la garde et Murat passaient sur les ponts de Poniémon (230.000 hommes), Macdonald le passait à Tilsitt; le 29 juin, les corps d'Eugène, Gouvion-Saint-Cyr et Grouchy passèrent à Prenn; les troupes de Jérôme, de Poniatowski et la cavalerie de Latour-Maubourg arrivèrent à Grodno le 28, elles ne purent être réunies sur l'autre rive du fleuve que le 3 et le 4 juillet.

Kowno avait été occupé dès le 24 juin : c'était le premier pas des Français sur la terre russe.

DEUXIÈME PARTIE

Offensive de l'armée française : La manœuvre de Vilna.

CHAPITRE PREMIER

Opérations contre l'armée russe de Lithuanie

Sommaire.— Théâtre des opérations. — Position et retraite de l'armée russe. — Le camp de Drissa. — Marche de l'armée sur la Dvina. — Prise de Vilna. — Nouveau plan de Napoléon. — Retraite de l'armée de Lithuanie. — Combat d'Ostrowno (25 juillet). — Marche sur Vitebsk. — Deuxième combat d'Ostrowno (26 juillet). Combat de Vitebsk (27 juillet). Retraite de Barclay sur la Kasplia. — La faute de l'Empereur.

Le théâtre de la campagne de 1812 occupe le terrain compris entre la Dvina et les sources du Bug, sur les confins du gouvernement de Minsk et les limites septentrionales de la Volhynie. Cette zone est divisée par la ligne de partage des eaux tributaires de la mer Baltique et du golfe de Finlande au nord-ouest, et celles de la mer Noire au sud-est. Les hauteurs du terrain ont une altitude moyenne, le relief n'a aucune vallée bien définie ; ce sont le plus souvent des ondulations de terrain au milieu desquelles se rencontrent les lacs, les marais, des tourbières alternant avec des terres labourées et des forêts.

Le territoire de Minsk est un vrai désert traversé de ruisseaux, couvert de bois qui constituent, pendant la saison pluvieuse, un marécage de 3.000 kilomètres carrés, à travers lequel courent des digues en guise de chemins de communication. La difficulté du parcours, dans cette région, est encore augmentée par les eaux du Niémen, de la Vilia, son affluent, et de la Vistule.

La Vistule traverse Varsovie, Plosk et Thorn ; elle reçoit, à droite, le Wieprz, le Bug, dont les eaux sont considérablement grossies par la Narew qui reçoit le Bobra, la Pisz, l'Omulew et l'Orsic. Le pays entre le Bug et la Vistule est une immense plaine traversée par des rivières aux rives boisées et marécageuses sur une très grande étendue.

Toutes ces eaux rendent l'accès de cette région très difficile, traversée par des chemins défoncés au moment des débordements fréquents.

Enfin, le nord du gouvernement de Volhynie et le sud de celui de Minsk sont un territoire au parcours difficile en raison des eaux du Pipret, affluent de droite du Dniepr, dont le cours est traversé de nombreuses îles et constitue les marais de Pinsk.

Ce théâtre d'opérations est sillonné par de nombreuses routes :

1° La route de Marienwerder à Kœnigsberg, à Insterburg (point de jonction avec celle de Memel par Tilsit) à Perm et à Kowno, au confluent de la Vilia et du Niémen.

2° Celle de Thorn à Osterode-Guttstad, Rasten-

burg, Novogrod, Lomza (point de jonction avec Var-
sovie—Ostrolenka) Tykoczin, Biolestok—Grodno—
Lida. Elle passe ensuite, au nord, à Vilna, Sventsiany
et Disna, sur la rive gauche de la Dvina, et au sud à
Novogrodek, puis Slonim à l'ouest, et Nesvij à l'est.
Elle assure les communications du grand-duché de
Varsovie avec les gouvernements de Grodno et de
Minsk.

3° La route de Varsovie à Moscou par Siedlec, au
sud-est, Brzesc-Litouski, Kobrin, Proujani, Slonim,
Nesvij, Minsk, Borisow, Orcha, Smolensk et Moscou.

4° La route de Varsovie à Bobrouisk, par l'itinéraire
de la route 3 jusqu'à Nesvij, et de là à Sloutsk,
Gluks, Bobrouisk.

5° La route de Kaminiec, Podolski, Lublin, Za-
mosc et Lemberg.

Ces routes étaient reliées transversalement par quelques autres routes importantes, parmi lesquelles la
route Tilsit—Kowno—Vilna—Lida—Nesvij; Saint-
Pétersbourg—Vitebsk—Mohilew; Mosir—Odessa;
celle de Riga par la vallée de la Dvina, Drissa, Polotsk
et Vitebsk.

Les marais de Pinsk et la vallée du Pipret avaient
deux voies de communications :

1° La route de Vladimir—Kovel—Brzesc-Litouski—Pinsk par Kobrin, et, ensuite, plus au nord
par Sloutsk et Bobruisk.

2° La route de Lemberg—Kamenetz, Ostrog—Jito-
mir où elle se divise en deux embranchements, l'un,
par le nord, passe à Ovroutsch, Mosir où il franchit le
Pipret, Jakmowitsch, y coupe la Bérézina, suit la rive
droite du Dnieper jusqu'à Mohilew et Orcha ; son autre

embranchement atteint Kiew sur le Dnieper, suit la rive gauche du fleuve, parallèlement à la première branche qu'elle rejoint à Mohilew, après avoir traversé Tschernigow, Bielitza.

Le passage du Niémen donna lieu seulement à quelques escarmouches d'avant-poste. C'était là l'indice à peu près certain que l'ennemi renonçait à défendre le fleuve et qu'il se retirait plus en arrière pour disputer à Napoléon le territoire russe. Phull avait deviné le but des Français : Vilna comme point d'opération contre l'armée de Lithuanie et Grodno contre celle de Volhynie.

Phull, pour échapper aux plans de Napoléon, fit reporter Bagration et Barclay sur la Dvina et le Dniepr, imposant au premier la difficile tâche de tomber sur le flanc droit et les derrières des Français, de se fortifier sur la Bérézina ou sur le Dniepr.

A ce moment Barclay occupait les points suivants :

1er corps à Rossieni ;

2e corps et 1er corps de cavalerie à Vilkomir ;

Garde, 4e corps, 2e et 3e corps de cavalerie à Vilna ;

3e corps à Nowoï-Troki ;

5e — à Olkeniki ;

6e — à Lida.

Les cosaques de Platow, alors aux environs de Grodno, assuraient la liaison avec l'armée de Volhynie.

Barclay se retira dans le camp de Drissa, qui défendait le coude de la Dvina, et où les relations de la rive gauche avec la rive droite étaient assurées par quatre ponts couverts par des ouvrages en forme de bonnet de prêtre. La défense de la place comportait trois lignes d'ouvrages : la première ligne avait un développement de six kilomètres et contenait 15 ouvrages en terre à fort relief et armés d'artillerie de gros calibre; la deuxième ligne, à 400 mètres de la première, était constituée par 1 lunette et 5 redoutes carrées ouvertes à la gorge, enfin, la troisième ligne avec 4 redoutes. Chaque ouvrage était palissadé et défendu en avant par une triple ligne de trous de loup.

Tout l'avantage du camp consistait donc dans la facilité qu'on aurait à passer d'une rive sur l'autre pendant que l'adversaire ne pourrait probablement maintenir la liaison entre les deux parties de son armée qu'au moyen d'un pont unique et assez éloigné. Cet avantage n'était pourtant pas absolument décisif ni de nature à rendre certain le succès d'une bataille, livrée par une armée de 120.000 hommes contre des forces supérieures, et qui ne conservait aucun espoir de retraite.

Il eut d'ailleurs fallu que ces offensives quelconques sur l'une ou sur l'autre rive fussent favorisées par le terrain. Ce n'était certes pas là le cas sur le front de la position qui, entouré de bois et de marais, ne laissait prendre nulle part de vues sur l'ennemi.

Une telle offensive nécessitait que la rive droite eût en elle-même une certaine force défensive pour qu'il fut possible de protéger les magasins avec un faible détachement, pendant qu'on s'avancerait offensivement sur la rive gauche ; et, encore une fois, ce n'était pas là la situation, on aurait vainement cherché de ce côté trace d'un retranchement (*Clausewitz*).

Les Russes reconnurent de suite l'impuissance de cette place pour résister à une attaque de l'armée française; ils décidèrent d'abandonner Drissa, de tenter une jonction avec Bagration et de combiner une bataille décisive entre la Dvina et le Dniepr.

Napoléon ordonna, le 24, la marche sur la Dvina : Macdonald sur Rossieni ; Oudinot, renforcé d'une division de cuirassiers, et Ney marchent sur Vilkomir (72.000 h.) ; Davout, Murat et la garde (120.000 h.) par Jijmori, Jewe et Rikouti sur Vilna. Macdonald était le plus exposé à une rencontre des Russes signalés à Rossieni ; mais il pouvait compter sur l'appui d'Oudinot et de Ney, marchant à moins de 50 kilomètres.

Le 28 juin, les Français entraient à Vilna, que les Russes leur abandonnèrent après une courte résistance et l'incendie de magasins à fourrages et à vivres. L'état moral de l'armée condamna l'Empereur à séjourner sur ce point. « Le manque de subsistance se faisait déjà sentir ; l'armée vivait des ressources du pays ; et ces ressources peu considérables par elles-mêmes, l'étaient bien moins encore avant la moisson ; déjà les soldats se livraient à l'indiscipline et au pillage (1). »

Barclay se retira à Niementchin, son aile droite à Perkale, son aile gauche à Ochmiana, ayant pour directive générale Sventsiany où Bagration tentera de le rejoindre.

Dès le lendemain, l'Empereur constitua deux masses : l'une, sous les ordres de Murat, comprend les divisions Friant, Gudin, Nansouty et Montbrun et est envoyée à Niementchin ; l'autre, commandée par Davout, avec trois divisions, se dirigea sur Mikhalichki et Ochmiana, de façon à suivre les Russes. C'est au cours de la marche de ces deux colonnes que l'Empereur sonda vraiment la direction prise par l'ennemi,

(1) de Fézensac : Souvenirs militaires, p. 224.

mais il commit la grosse erreur de confondre l'armée de Bagration avec celle de Barclay.

Les ordres donnés ensuite par l'Empereur amenèrent, le 1er juillet, la grande armée sur les positions suivantes :

Extrême droite : 7e corps et Autrichiens sur le Bug, à Brzesc-Litousky, à l'origine des marais de Pinsk.

Droite : 8e corps, 5e corps, 4e corps de cavalerie à Grodno.

Centre : 4e corps, 6e corps à Nowoi-Troki ; 1er corps (division Friant, Morand, Gudin) et la garde à Vilna ; (division Dessaix, Compans, Valence, brigades Pajol et Bordesoulle (cav. ind.) sur la route Vilna à Minsk et à Lida ; 3e corps de cavalerie, en marche de Nowoi-Troki sur Grodno ; 4e corps de cavalerie, brigades indépendantes Mouriez, Beurmann et Corbineau à Gloubokoïé, à la source de la Vilia.

Gauche : 3° corps et 2e corps de cavalerie à Sventsiany ; 2e corps entre Avanta et Vildzouy.

Extrême gauche : 10e corps à Poniewiez.

Pendant que Davout poursuit Bagration, l'Empereur concentre ses troupes disponibles à Drissa, en attendant que — son plan ayant réussi — Eugène et Jérôme exécutent un mouvement tournant sur l'aile gauche de Barclay, par Polotsk et Vitebsk, pour lui couper ses communications avec Saint-Pétersbourg et Moscou.

Le 9 juillet, l'Empereur écrivit à Berthier :

« Le premier but de votre corps d'armée est de protéger le Niémen, afin que la navigation n'en puisse être inquiétée d'aucune manière ; son deuxième but est de contenir la garnison de Riga ; le troisième, de menacer de passer la Dvina entre Riga et Dunabourg, pour inquiéter l'ennemi ; le quatrième d'occuper la Courlande et de conserver le pays intact, puisqu'il s'y trouve tant de ressources pour l'armée ; enfin, aussitôt que le moment en sera venu, de passer la Dvina, de bloquer Riga, de faire venir l'équipage de siège et de commencer le siège de cette place, qu'il est important d'avoir pour assurer nos quartiers d'hiver et nous donner un point d'appui sur cette grande rivière. »

L'armée française occupait alors : Murat, après avoir passé à Vildzouy, oblique à droite sur Drissa et vient à Samochïe ; Nansouty et Montbrun sont à Tcheres et à Drouïa ; Ney, en contact avec Murat, à Drisviati ; Oudinot a dépassé Dunabourg et remonte la Dvina pour se joindre à Murat ; Macdonald, en marche sur Ponievej, atteint Smilgi. Tous ces corps constituant notre aile gauche sont donc en partie sur la Dvina, menaçant l'aile droite russe.

Nos autres troupes sont : le corps d'Eugène à Smorgoni, Saint-Cyr à Vilna, où se trouvent également l'Empereur et la vieille garde, la jeune garde à Kobylnik.

Dans les premiers jours de juillet, Napoléon n'espérait plus maintenir Barclay à Drissa et lui infliger une défaite complète. Il se contentera de pouvoir le refouler sur Saint-Pétersbourg et, dès le 16 juillet, Berthier, interprète de sa pensée et de ses desseins, reçut avis que l'Empereur compte passer la Dvina entre Disna et Vitebsk, ce qui obligera l'ennemi à faire l'une des deux opérations suivantes : ou à évacuer son camp retranché de Drissa, pour couvrir Saint-Pétersbourg, ou à déboucher de Drissa pour tomber sur le corps d'armée qui est devant lui ; que dans ce dernier cas, il y aurait une bataille.

L'Empereur quitta Vilna le 16, après avoir appris la conclusion de la paix entre la Russie et la Turquie.

Il se dirigea sur Sventsiany. Un instant, il hésita sur ce qu'il devait faire ; mais là, des renseignements lui apprenant que les Russes ne songeaient pas à l'offensive, il continua sa route et vint à Gloubokoïé rejoindre sa garde le 18.

Pendant ces mouvements, Sébastiani se laissa surprendre le 15 juillet à Disna ; nous perdîmes plusieurs centaines d'hommes, tués, blessés ou prisonniers. Murat, prévenu de cet échec, se porta au secours de Sébastiani et réussit à refouler les Russes dans Drissa.

La surprise de Disna et les renseignements des autres troupes de cavalerie firent supposer à l'Empereur que Barclay se retirait sur Polotsk, laissant à Drissa l'aile droite pour couvrir la route de Saint-Pétersbourg. Le souverain fut fort perplexe sur le plan des Russes. « L'ennemi viendra-t-il à Bechenkowitchy, ou se dirigera-t-il de suite sur Vitebsk ? écrivait-il à Eugène le 21 juillet. C'est ce qu'il est impossible de savoir. »

A ce moment, les positions de l'armée française étaient : Macdonald, devant Dunabourg ; Oudinot et Ney, devant Drissa ; les divisions Friant, Morand et Gudin (du corps Davout), à Ouchatch ; Murat entre Ouchatch et Polotsk ; le prince Eugène, à Kamenie, la garde, à Gloubokoïé.

L'Empereur fit converger son armée sur Bechenkowitchy, point de passage de la Dvina et l'amena, le 24 juillet : l'Empereur, à Kaménie ; Murat à Bechen-kowitchy où il trouva Nansouty et Montbrun ; Ney les suivant de près. Eugène y arriva par Kamen et Bot-cheikovo, ayant derrière lui la garde venant de Kamen et Glouboko'ié, Saint-Cyr est à Ouchatch ; Oudinot à Disna observant le corps russe qui menaçait le flanc droit français. Le corps de Macdonald occupe Jacob-stadt, avec les Prussiens à Riga qui ont repoussé les Russes rencontrés à Bauske.

Barclay avait continué son mouvement de retraite sur Vitebsk, comptant faire sa jonction avec Bagration qui devait déboucher d'Orcha ; le corps de Witt-genstein protégeait la route de Saint-Pétersbourg.

Le 24 au matin, l'Empereur trouva trace de l'arrière-garde de Barclay établie à Kovalovchtchina ; il est obligé de renoncer à son projet de l'attaquer en masse sur le flanc pendant sa marche. Le 25 au matin, il envoie Nansouty sur la rive gauche de la Dvina, vers Vitebsk ; Montbrun exécute le même mouvement par la rive droite.

Barclay avait posté à Ostrovno tout le 4e corps, ap-puyé par la brigade de dragons d'Ingrie, les hussards de la garde et de Soumy, avec une batterie à cheval, pour assurer le passage de la rivière et permettre à son armée de gagner en toute sécurité Babinovitchy.

La brigade Piré (8e hussards et 16e chasseurs), avant-garde de la cavalerie française, marchait le 25, sans avoir pris aucune des précautions réglementaires, lors-qu'au delà d'Ostrovno elle reçut une salve d'artillerie, et aperçut dans le lointain des masses de cavalerie. Le général Piré lança sa cavalerie contre cette artillerie et s'en empara. Sur ces entrefaites Murat renforça l'avant-garde de la division Saint Germain. Bientôt la mêlée devint générale, des renforts de toutes armes étant arrivés aux Russes. L'infanterie russe, tentait de déborder les troupes françaises sur la droite ; quatre bataillons avaient déjà débouché des bois et forcé une position lorsque le 9e lanciers et la brigade étrangère, se lançant dans une charge désespérée, arrêtèrent les progrès de l'ennemi. A ce moment, arriva la division Delzons ; elle arrêta les mouvements des Russes qui jugèrent prudent de se replier.

A la suite de cette affaire, il ne subsistait plus de doute pour l'Empereur que Barclay l'attendait à Vitebsk. Il écrivit à Eugène, le 26 juillet à 4 heures du matin : « Ou l'ennemi veut se battre, ou il ne veut pas se battre. Si l'ennemi veut se battre, c'est très heureux pour nous. Il pourrait en être empêché par la non-réunion d'un ou deux de ses corps ; il n'y a donc pas d'inconvénient de lui laisser faire sa réunion, puisque autrement ce pourrait être pour lui un prétexte pour ne pas se battre. »

L'ordre continuait par une prescription à Eugène de gagner Vitebsk, soutenu par Murat. Barclay avait renforcé le corps d'Ostermann de la division Konowintzin. Cette division s'installa en arrière-garde à 8 kilomètres en arrière d'Ostrovno, son front couvert par un ravin, l'aile gauche appuyée à un bois ; plus en arrière, à 2 kilomètres environ, se trouvaient toutes les forces d'Ostermann.

Dès la première heure, Murat fut chargé d'effectuer une forte reconnaissance. Sa troupe comprenait : 1er corps de réserve de cavalerie, 2 bataillons du 8e léger et la division Delzons en arrière. Les partis se heurtèrent à huit kilomètres d'Ostrovno, et il fallut l'appui des deux bataillons pour soutenir la cavalerie que l'ennemi refoulait.

Vers 10 heures du matin, le 8ᵉ régiment s'étant porté en avant, se heurta de nouveau à une forte position ennemie. La division Delzons, soutenue par le bataillon de voltigeurs du 106ᵉ et du 92ᵉ, put se déployer, mais sa droite se heurta à une résistance qu'il importait de vaincre avant tout. Le général Delzons ne comprit pas cette nécessité, et au lieu de concentrer tout son effort sur ce point, il laissa le centre et la gauche manœuvrer. Konowintzin s'aperçut de cette faute ; il s'élança sur le flanc des Français et les eût anéantit sans l'arrivée de Murat avec les lanciers polonais et une compagnie de carabiniers du 8ᵉ léger. Ce fut un carnage horrible que Murat retrace en ces termes, dans son rapport : « pas un homme — russe — n'échappa, pas un ne fut fait prisonnier ; les derniers hommes furent tués jusque dans les bois. »

Grâce à l'appui de Junot, qui traversa le bois à la tête de la brigade Roussel, les Russes durent se replier sur Vitebsk. Nous perdîmes 1.200 hommes dans cette affaire.

L'Empereur arriva au moment où se terminait l'action. Eugène hésitait à poursuivre l'ennemi ; Napoléon ordonna à toute la cavalerie de le faire. Mais le temps perdu par l'indécision d'Eugène et de Murat permit à Ostermann d'échapper à cette poursuite. Après quelques heures de repos, l'Empereur ordonna la marche sur Vitebsk.

Murat était en avant-garde avec la division Bruyères

et le corps de cavalerie de Nansouty; la division Broussier, le reste du corps du prince Eugène, les divisions Friant, Morand et Gudin, et le corps de Ney suivaient.

Barclay, après avoir recueilli Ostermann, traversa Vitebsk et s'établit derrière la Loutchesa, avec la cavalerie de Pahlen, dont le front était couvert par un ravin, en avant de la rivière ; il attendait dans cette position l'arrivée de Bagration, qu'il comptait en marche d'Orcha sur Babinovitchy.

Les Russes avaient brûlé le pont de la Loutchesa. Dès qu'il fut réparé, le 16e chasseurs et 2 compagnies de voltigeurs du 9e de ligne le franchirent. Notre cavalerie emportée par l'ardeur, se trouva devant les cosaques de la garde, soutenus par 12 pièces.

Le général Piré, commandant les chasseurs, au lieu de les lancer à la charge, attendit l'ennemi et l'accueillit par un feu de mousqueterie qui eut peu d'effet. Les cosaques rompirent la ligne des chasseurs et se portèrent ensuite contre les voltigeurs. Après une résistance héroïque — qui leur valut à tous la croix de la légion d'honneur des mains de l'Empereur — les voltigeurs repoussèrent les cosaques.

Sur un autre point, le 53e de ligne avait eu à lutter aussi contre des troupes de cavalerie; il avait repoussé leurs tentatives et permis à la division Broussier de se déployer.

L'arrivée de ces forces inquiéta Barclay. Il rappela sa cavalerie, et apprenant les résultats de la bataille de Mohilew et le passage du Dniepr à Smolensk par Bagration, il renonça à engager une action plus com-

5

plète; il décida de se replier, à la faveur de la nuit, sur la Kasplia dans une position d'attente.

Il laissa une arrière-garde sur la Loutchesa et constitua son armée sur trois colonnes :

Colonne de droite :

5ᵉ, 6ᵉ corps et la garde, sur Smolensk par Rodnia;

Centre :

3ᵉ corps, sur Poretchïé par Kolycki;

Gauche :

1ᵉʳ, 2ᵉ, 4ᵉ corps, sur Poretchïé par Ianovitchi.

Le 28 juillet, au matin, l'Empereur comptait livrer bataille : il ne vit plus rien devant lui; il avait perdu les traces de l'ennemi et ignorait quelle direction il avait prise. Il se porta sur Vitebsk où il trouva, comme à Vilna, le pays sans habitants et les magasins détruits. Il dépêcha Murat jusqu'à Gabanovo, suivi d'Eugène et de la garde, qui réussit à prendre contact avec l'arrière-garde de Barclay. Ney est poussé sur Smolensk, par la route de Rodnia. La poursuite se continua le lendemain sans entrave pour Barclay; Murat marcha sur Poretchïé, Eugène sur Souraje, tandis que l'Empereur, suivi de sa garde, revenait à Vitebsk, constatant avec amertume son échec contre Barclay.

Le 20 septembre 1792, lorsque l'armée prussienne, certaine de sa supériorité tactique et dans la situation stratégique la plus favorable, se trouvait prête à attaquer les troupes de Kellermann, la fortune lui offrait une de ces occasions, comme on n'en rencontre pas dans toutes les campagnes; en la mettant résolument à profit, ce n'est pas seulement une grande victoire qu'on eût remportée, mais l'événement aurait, en outre, modifié profondément la situation politique et eût marqué dans l'histoire.

C'est donc avec raison que la critique militaire doit condamner le général de 1792, qui ne sut pas profiter de l'occasion favorable et en fit la canonnade de Valmy. Mais que dire ici, en voyant à Vitebsk, tomber dans la même faute le chef d'armée, qui jusque là avait dû ses succès à l'utilisation hardie du moment, lui, la personnification même de l'esprit de décision et l'ennemi déclaré des prudentes hésitations. Remarquons que nous avons déjà constaté une fois chez lui des signes de défaillance ; à Ratisbonne, il néglige de profiter de l'occasion favorable, ce qui nous oblige à avouer que cette source de force commençait à tarir chez lui, et Vitebsk nous en fournit une nouvelle preuve. A Ratisbonne, la détente de l'énergie de l'Empereur se produisit après la victoire, qui tout au moins était acquise, si elle ne donnait pas tous les résultats qu'elle aurait dû avoir. Mais ici, l'hésitation se produisit avant la bataille, au moment même où il s'agissait de la livrer, pour ne pas perdre, comme à Valmy, cette occasion peut-être unique. L'Empereur ne la saisit pas, et, par suite, tout ce qu'il avait fait jusque là ne lui rapportait pas grand'chose. (*Yorck de Wartenburg*).

La deuxième combinaison stratégique de la campagne, dirigée contre Barclay, n'a donc réussi qu'à moitié, comme la première, qui avait été dirigée contre Bagration. On a gagné du terrain, mais les armées russes ne sont pas entamées ; elles se retirent sur leurs réserves et vont se renforcer. L'armée française, au contraire, s'éloigne de sa base et diminue chaque jour dans d'effrayantes proportions ; elle a perdu 150.000 hommes depuis le passage du Niémen. (*Vial*).

CHAPITRE II

Opérations contre l'armée de Volhynie.

Sommaire. — Dispositions générales contre Bagration. — Les fautes de Jérôme. — Retraite de Bagration. — Combat de Mir (8, 9, 10 juillet). — Combat de Romanovo (14 juillet). — Combat de Saltanowska (21 juillet). — Bataille de Mohilew (23 juillet. — Retraite de l'armée de Volhynie.

D'après les ordres de Phull, l'armée de Volhynie devait chercher à opérer sa jonction avec celle de Lithuanie et livrer une bataille décisive à l'Empereur. Celui-ci modifia son plan de façon à frapper un coup marquant contre l'armée de Bagration en la jetant dans les marais de Pinsk. Il ordonna à Davout de marcher, avec les divisions Dessaix, Compans et Valence, les brigades Pajol et Bordesoulle, de Vilna sur Minsk et Lida; à Grouchy, de se porter vers Grodno pour assurer la liaison avec les autres troupes; enfin, Jérôme devait poursuivre Bagration par Nesvij, Sloutsk, Bobruisk et le jeter sur Davout.

Napoléon était dans un état moral qui explique un peu les causes de l'échec de cette manœuvre.

Son corps n'affectait plus, comme dans sa première jeunesse, cette maigreur révélant un système nerveux puissant et une extrême énergie, mais il commençait à être affligé d'une obésité maladive et d'une maladie de la vessie, et sa puissance de travail seressentait de ces infirmités. (*Yorck*).

Cet état moral imposait un choix plus judicieux des

chefs auxquels le souverain devait confier le commandement de ses troupes. Napoléon n'en tint pas compte.

Jérôme était peu militaire et aimait le bien-être ; en plaçant
trois corps sous ses ordres, uniquement parce qu'il était son
frère, l'Empereur ne devait s'en prendre qu'à lui-même s'il com-
promettait la réussite de son plan qui demandait de l'énergie,
de l'esprit d'entreprise et de la sagacité (*Yorck*).

L'Empereur se repentit de ce choix, et il en témoi-
gna tous ses regrets à son frère.

Davout chercha vainement, par la route de Minsk,
à faire sa jonction avec Jérôme, qui le laissa à
la merci de Bagration. Davout comprit le danger qui
le menaçait, il s'avança lentement et très prudem-
ment.

Qu'avait fait Jérôme pendant ce temps ?

Au lieu de jeter, brides abattues, sa cavalerie à la poursuite
de Bagration et de la faire soutenir par son infanterie à mesure
qu'elle arrivait à Grodno, il avait cru devoir concentrer tout
son corps autour de cette ville, avant de suivre Bagration sur
Volkovisk. (*Colonel Bernard.*)

L'Empereur ne ménagea pas ses reproches à Jérôme.
Il chargea Berthier de lui dire « qu'il est impossible
de manœuvrer plus mal qu'il ne l'a fait » et plus loin,
jugeant les résultats de cette indolence, il écrit dans la
même lettre : « Tout le fruit de mes manœuvres et la
plus belle occasion qui se soit présentée à la guerre
ont échappé par ce singulier oubli des premières no-
tions de la guerre. » L'Empereur renforça Davout
d'une division (Claparède) et d'une brigade de cavalerie de la garde (Colbert) pour lui permettre de gagner Minsk, où il arriva le 8 juillet.

Bagration avait reçu l'ordre de se replier sur le

Dniepr et il était arrivé à Honij, lorsqu'il lui fut prescrit de se porter sur la Dvina, par Vileïka. Il conversa au nord par Novogroudok, franchit le Niémen, le 4 juillet, à Nicolaïew où il trouva Platow et Dorokoff qui lui apprirent la position de l'armée française, à travers laquelle il lui serait impossible de passer. Il modifia sa marche sur-le-champ, repassa le Niémen et se mit en route par Novogroudok, Mir, Nesvij, Sloutsk, Bobruisk et Rogatchew; de là, il comptait remonter le Dniepr par Mohilew et Orcha et se joindre à Barclay ; si cette dernière combinaison échouait, il repasserait le fleuve à Rogatchew, déboucherait par Smolensk et, en faisant un détour par Mstislavl, il arriverait derrière l'armée de Barclay.

Bagration prescrivit quelques jours de repos, dès leur arrivée à Nesvij (8 juillet), à ses troupes fatiguées par des marches sous une pluie incessante et par une chaleur excessive. Ce repos devait faciliter aussi l'écoulement du parc d'artillerie et des gros équipages en marche de Sloutsk sur Mosir. Platow fut chargé d'occuper Mir.

La marche de Platow fut interrompue le 8 juillet par une attaque de la cavalerie de Latour-Maubourg aux environs de Kareletchi, à la suite de laquelle nous fûmes rejetés sur Novogroudok. Le lendemain, un escadron du 3° de cavalerie rencontra un fort parti de cosaques aux environs de Piascezno ; il les refoula sur Mir. Des renforts venus de part et d'autre changèrent cette escarmouche en un combat de cavalerie dans les faubourgs de Mir. Par suite d'erreurs regrettables, de nombreux escadrons français se trompèrent de route pour rallier la position de Piascezno et subirent des pertes importantes dans des actions partielles.

Napoléon blâma Latour-Maubourg de ses dispositions :

« Le général Latour-Maubourg, écrit-il au roi Jérôme, doit avoir avec lui, non seulement sa cavalerie légère mais aussi toute sa cavalerie et son artillerie légère. C'est ainsi que marchent les généraux Montbrun, Nansouty, Grouchy et le roi de Naples. Il faut même y entremêler, quand cela est possible, quelques compagnies de voltigeurs. Si le général Latour-Maubourg avait eu à Novogroudok, avec sa cavalerie légère, ses cuirassiers et son artillerie légère, il aurait pu faire du mal à l'ennemi. »

Bagration quitta Nesvij le 11 au matin, vint le 12 à Romanovo, le 13 à Sloutsk, le 14 à Glousk, le 15 son avant-garde s'établissait à Bobruisk après avoir accompli l'une des plus belles marches forcées de l'histoire militaire : 55 lieues en 5 jours.

Au cours de cette marche, le 12 juillet, une pointe de cavalerie lancée par Pajol, sous le commandement du capitaine Vandois, prit, aux environs de Khaloui, 6 officiers, 200 canonniers, 300 hommes du train et 800 chevaux d'artillerie, un important convoi qui fut brûlé pour éviter l'encombrement.

Ce même jour, l'aile droite française est établie: Jérôme à Nesvij ; la cavalerie Latour-Maubourg est en avant à Romanovo ; Schwarzenberg à Proujani et Reynier à Stolovitchi.

« A ce moment déjà, on peut considérer la première opération de l'Empereur comme ayant échoué ; les séjours trop prolongés de Jérôme à Grodno, de Davout à Minsk ont été cause qu'on ne peut plus, cerner Bagration ; de plus, l'offensive de Tormasow ne tardera pas à attirer sur elle des forces de l'aile droite fran-

çaise et contribuera ainsi à soulager Bagration. (*Yorck de Wartenburg*).

Latour-Maubourg avait amené une division de cavalerie légère et deux autres brigades aux environs de
Romanovo où se trouvait Platow. Il fut arrêté dans sa
marche par un ruisseau dont le terrain environnant
était très marécageux ; on dut le franchir sur une
digue.

Platow, usant encore de sa tactique de retraite, puis
ensuite d'une vigoureuse offensive, se replia d'abord
et brusquement fit volte face. Nous dûmes le salut à
l'arrivée de cinq régiments de cuirassiers de Lorge
qui eurent beaucoup de peine à contenir les Russes.
Latour Maubourg perdit 1.200 à 1.500 hommes et fa-
cilita la retraite des Russes qui détruisirent tous les
ponts en se repliant.

Bagration continua sa route jusqu'à la Bérézina, la
franchit à Bobruisk ; le 20, il atteignit Stary-Bykhow
et poussa des reconnaissances sur Mohilew où il comptait franchir le Dniepr.

L'une de ces reconnaissances rencontra une reconnaissance française en marche sur Saltanowska (21 juillet), à la tête de laquelle était le général Haxo, commandant le génie du 1er corps, composée du 3e régiment de chasseurs à cheval.

La cavalerie française cheminait à travers un bois
épais, large de 2 kilomètres, au-delà de la Michowska,
sans éclairer sa marche. Au moment de déboucher du
bois sur le village de Nowo-Selki, 3.000 cosaques char-
gés de la reconnaissance de cette même route, em-
busqués dans le bois, s'emparèrent du 1er escadron,
tandis que les autres étaient poursuivis jusqu'à Mohi-

lew. Mais l'ennemi fut arrêté à Duini par les grand'-gardes du 85ᵉ de ligne. Davout ordonna de suite à ce régiment de se porter en avant et les cosaques durent se replier sur Saltanowska.

Cette affaire imposait à Davout des mesures qu'il se hâta de prendre en fortifiant la ligne de la Michowska, petit affluent du Dniepr, ayant sa source aux environs de Zastenok. La route de Mohilew—Stary-Bykhow le traverse sur un pont au débouché duquel est construite l'auberge de Saltanowska; un moulin est dans le voisinage. Davout fit mettre ces maisons en état de défense, barricada le pont et occupa les positions suivantes : l'auberge et le moulin, cinq bataillons du 85ᵉ, le 108ᵉ en réserve ; une batterie sur le plateau de Saltanowska; le chemin du hameau de Seletz fut protégé par le 61ᵉ, ayant en réserve les 57ᵉ et 111ᵉ d'infanterie ; entre Seletz et Stary-Buiniczi, la division Claparède. La route d'Igoumen à Mohilew, par laquelle Bagration, se contentant de montrer un rideau sur la Michowska, porterait ses forces d'Igoumen par Pogost, de manière à déborder Mohilew et à marcher sur Orcha, après avoir passé le Dniepr à Kopys, fut gardée par la brigade Pajol et le 25ᵉ de ligne.

Bagration opposa ces dispositions : Tandis que le 7ᵉ corps forcerait le pont de Saltanowska et le moulin de Fatowa, le 8ᵉ corps le couvrirait sur la route de Bobruisk à Stary-Bykhow. La division Kolionbakin attaquerait le pont, la division Paskewitch le moulin.

Nous ne sûmes pas profiter dès le début de l'action de la mauvaise position des Russes, obligés de marcher à découvert sous le feu des Français. Un bataillon du 108ᵉ s'élança à leur poursuite, dès l'échec de leurs premières tentatives contre les positions ; il se trouva longtemps à découvert et fut refoulé sur la rive gauche du ruisseau après avoir perdu 3oo hommes. Davout envoya à son secours deux bataillons du 61ᵉ et la cavalerie de Girard qui réussirent à déloger les Russes de la rive gauche.

Paskewitch porta alors tous ses efforts contre le moulin et attaqua Seletz, laissant un vide entre l'autre division. Friederichs profita savamment de cette faute, et avec les compagnies du 85ᵉ il combla ce vide, et à la faveur des bois tomba sur le flanc gauche de Kolionbakin concentrant tous ses efforts contre le pont.

Les Russes furent surpris de cette manœuvre et se replièrent sur les bois dans le plus grand désordre, poursuivis par la division Compans jusqu'à Novo-Selki.

Bagration vint passer le Dniepr à Rogatchew, grâce à l'absence de Jérôme, il nous échappa. Davout renonça à une poursuite, voulant attendre l'arrivée de Poniatowski et du 8ᵉ corps sous Mohilew, avec lesquels il aurait remonté le Dniepr et, plus tard, aurait fait sa jonction au delà d'Orcha avec le gros de l'armée. Il se contenta de faire observer Bagration sur Mstislavl par les cavaleries de Bordesoulle et de Pajol.

———

CHAPITRE III

Opérations contre Wittgenstein et Tormazow.

Les Russes avaient chargé Wittgenstein de protéger la route de Saint-Pétersbourg contre nos attaques et aussi d'assurer la liaison de Barclay et de Bagration.

Le maréchal Oudinot reçut la mission d'entraver l'action de Wittgenstein. Il apprit, le 29 juillet, l'occupation de Valentsoui par des troupes de Koulniev. Ces forces comprenaient 4.000 fantassins, 1 régiment de hussards, 2 régiments de cosaques, 1 batterie d'artillerie à cheval et 2 batteries d'artillerie ; que Wittgenstein, renforcé du prince Repnin, occupait Kokhanovo et Osveia.

Oudinot dirigea, le 30, sur Kliastitsi, la 5ᵉ brigade de cavalerie légère, 1ʳᵉ division d'infanterie ; ses autres troupes occupaient :

2ᵉ division et cuirassiers, établis à Glovitchsoui et Sokolichtche ;

3ᵉ division, au gué de Sivotschina ;

6ᵉ division de cavalerie, en observation aux gués de
Zarnowisée et de Valentsoui.

Vers 11 heures du matin, aux environs de Jakoubovo, des avant-gardes se rencontrèrent avec l'ennemi ;
après quelques coups de feu, celui-ci se replia. Oudinot plaça le général Legrand avec le 26ᵉ léger, le 56ᵉ
de ligne et le 24ᵉ chasseurs à cheval à Jakoubovo, avec
mission de pousser des reconnaissances sur Sevoina.
Vers 4 heures du soir, les Russes débouchèrent à Jakoubovo et engagèrent la lutte avec le 25ᵉ léger. L'adversaire cherchait à s'emparer d'un bois à gauche du
village. Le 56ᵉ fut porté sur ce point et, admirablement secondé par la brigade Maison, soutint une lutte
héroïque contre l'artillerie ennemie. A 10 heures du
soir, le combat paraissait indécis. La nuit se passa
sans autre tentative. Mais le lendemain, à la première heure, les Russes renouvelèrent leur attaque,
avec une artillerie formidable, contre le château de
Jakoubovo et réussirent à pénétrer dans la cour ; une
lutte acharnée s'engagea et le 26ᵉ léger les refoula,
leur tuant 300 hommes et leur faisant 500 prisonniers.

La 3ᵉ division, chargée de la garde du gué de Sivotschina, fut attaquée également à 4 heures du soir.
Conformément aux ordres d'Oudinot, elle se retira et
permit à l'ennemi de déboucher en masse à la pointe
du jour. L'artillerie française réussit à contenir les colonnes russes pendant que l'infanterie prenait ses
positions de combat ; les colonnes formées furent lancées contre les Russes et les poussèrent dans la Drissa,

après une lutte opiniâtre qui mit en nos mains 14 pièces de canon, 13 caissons et 2.000 prisonniers.

Après ce succès Oudinot ne se sentant pas en force pour poursuivre l'ennemi et se trouvant aux prises avec les difficultés du ravitaillement, renonça à son bénéfice et se replia sur Polotsk. L'Empereur le blâma dans une lettre datée de Vitebsk, le 7 août :

Dans une bonne position, dit-il, il ne pouvait pas craindre un corps qui lui eut été même supérieur d'un tiers ; enfin, après qu'il aurait vu l'ennemi et qu'il se serait assuré de sa très grande supériorité, n'était-il pas toujours à même de faire sa retraite et de repasser ses ponts ? Mais cette manière de faire très légère compromet les opérations générales, puisqu'elle peut porter l'Empereur à faire de faux mouvements ; et si nous n'étions pas très supérieurs en forces à l'ennemi, le mouvement rétrograde du 2ᵉ corps sur Polotsk serait une véritable faute. Après la belle victoire qu'il avait obtenue, il est étonnant que ce soit l'ennemi qui soit resté maître du champ de bataille. Il a reculé, l'ennemi a avancé ; l'ennemi a su que deux divisions avaient passé la Dvina, il a avancé encore plus. La guerre est une affaire d'opinion, et l'art était de se conserver l'opinion qu'il avait pour lui, après le grand avantage qu'il avait remporté.

Oudinot fut très sensible à ce reproche. Dès qu'il eut reçu le corps de Gouvion Saint-Cyr, il se reporta en avant jusqu'à la Svoiana, avec l'intention bien arrêtée d'entraîner Wittgenstein dans une bataille décisive. Le 16 août, les Français aperçurent des troupes russes défilant sur la route de Sebej à Polotsk, opérant comme pour tourner Oudinot. Les Français parèrent à cette manœuvre en repassant la Drissa et en venant occuper la position Lazowka-Bielaïa, au nord de la forêt de Gamselevo, puis après se rapprochèrent de Polostk et s'établirent sur les deux rives de la Polota. Wittgenstein essaya de les déloger ; son attaque fut repoussée.

Oudinot jugea prudent de faire repasser la Dvina à ses bagages. Cette opération se fit le 17 août. Les Russes tentèrent de l'empêcher et attaquèrent les troupes postées sur les deux rives de la Polota, ils échouèrent dans leur tentative.

Les Russes renouvelèrent l'opération le lendemain. Les Français occupaient alors : divisions de Wrëde et Deroy, à Spaz (droite); divisions Legrand et Verdier, au centre; 1 brigade de la division Merle et la cavalerie Doumerc, à gauche; la 2ᵉ brigade de la division Merle, sur la rive gauche de la Polota; la droite des Russes s'appuyait à la route de Gamselievo. Oudinot, grièvement blessé la veille, avait dû céder le commandement à Saint-Cyr, blessé lui-même au point d'être obligé de suivre les opérations en voiture.

Le plan de Saint-Cyr consistait d'abord à tomber à l'improviste sur Wittgenstein, dont il apercevait les troupes dans une situation d'attente voisine de l'imprudence, car l'infanterie avait formé les faisceaux et la cavalerie n'était pas à cheval; puis à refuser sa gauche, à l'attirer par une feinte retraite et à se rabattre sur elle lorsqu'il aurait eu raison du centre. La première partie du plan réussit parfaitement; les Russes salués par le feu inattendu de 60 bouches à feu, n'eurent que le temps de réorganiser leurs lignes et subirent des pertes considérables; ils se raffermirent toutefois au moyen de leur puissante artillerie, qui montaient à 108 canons. Les lignes s'abordèrent bientôt; après deux heures d'une lutte acharnée, les Russes reculèrent; si, en ce moment, le général Merle, placé à la tête de la brigade de sa division formant la gauche de l'infanterie, avait su reculer graduellement sur Polotsk, l'aile droite de Wittgenstein eût été assaillie sur son flanc gauche par le centre, que Saint-Cyr se proposait de rabattre sur elle. Mais le général Merle n'avait pu résister à l'ardeur de se maintenir à hauteur du centre victorieux, et avait fait ainsi échouer le beau plan de son général en chef, qui dut se contenter d'un succès de front, dont il ne put même tirer tous les fruits par une poursuite active, à cause de l'extrême fatigue des troupes, qui, depuis le 15, avaient marché sans se reposer et s'étaient battues trois fois. (*Colonel Bernard*).

Macdonald avait reçu la mission de soutenir, à gauche, le corps Oudinot. Le 18 juillet, le colonel Rœder exécutait une reconnaissance en avant de l'Aa, que l'infanterie venait de franchir, à trois lieues de Bauske, il se heurta à des troupes russes. Le combat tournait mal pour nous, lorsque, heureusement, le régiment de dragons n° 1 entra en ligne et par une charge vigoureuse refoula l'ennemi.

Les renseignements que l'on recueillit permirent de pénétrer le secret de l'adversaire. Quatre bataillons, plusieurs escadrons de uhlans, un pulk de cosaques et plusieurs bouches à feu devaient reprendre Bauske ; de plus, une concentration importante, soutenue par 10 canons, se faisait aux environs d'Ekau.

Macdonald, pour parer aux premières éventualités, avait fait occuper Kanken et Drakin, sur la route Herbergen-Riga, par Kleist ; dès qu'il connut les nouvelles positions de l'ennemi, de Grawert poussa Kleist sur la rive droite de l'Ekau pour le prendre en flanc et en arrière, tandis qu'il l'attaquerait de front.

De Grawert repoussa les premières lignes ennemies, s'établit dans une position solide et attendit l'arrivée de Kleist ; dès que cette troupe parut, il franchit le défilé, et une attaque vigoureuse des deux forces réunies eut raison, à 8 heures 1/2 du soir seulement, de la résistance acharnée que leur opposèrent les Russes.

Macdonald dépêcha une partie de son corps sur Riga, que l'Empereur voulait assiéger, et se porta avec la division Grandjean devant Dunabourg, que les Russes abandonnèrent sans défense. Il ne restait plus au 10ᵉ corps qu'à accomplir la dernière partie de sa mission : investir Riga et savoir ce que l'ennemi voulait faire entre cette ville et Polotsk.

Le traité entre la Turquie et la Russie rendit disponible le corps de Tormazow. Dès que Napoléon connut cette nouvelle, il prévint le plan de son adversaire en faisant porter Schwarzenberg, par Nesvij et Minsk, sur ses forces principales et chargea Reynier (17ᵉ corps) de couvrir Varsovie, par le Bug, contre le nouvel adversaire.

Schwarzenberg passa le Bug à Drogitchin, entra le 13 juillet à Proujani, fit occuper Pinsk par la majeure partie de ses forces et se mit en marche avec le reste sur Slonim, où il fut le 17. Reynier y arriva le 19, puis se porta sur Kobrin où son avant-garde (brigade de cavalerie saxonne Klingel) s'installait à cette date, avec un escadron à Brzesc.

Tormazow avait ses premières lignes à Mosir et à Kiew le 13, et sa masse à Kovel, sur la Touria. Le 19, il décida de se porter sur le Bug, ses premières lignes marcheraient par Mosir, Pinsk, Proujani et Brzesc, le gros gagnerait Brzesc par Ratno. La présence de notre escadron à Brzesc lui ayant été révélée dès le 20, il chargea six escadrons de uhlans, un régiment d'infanterie et 2 pièces de l'en déloger. En présence de cette force la ville fut évacuée.

Les Russes continuèrent l'exécution du programme de Tormazow. Chemin faisant, ils apprirent que Reynier était massé à Khomsk et que son avant-garde à Kobrin était éloignée de 60 kilomètres du gros. Le 27 juillet, la brigade Klingel se vit attaquer par 30.000 hommes de trois côtés. Malgré une résistance acharnée, elle dut céder devant le nombre. Reynier avait essayé de la secourir par Antopol; lorsqu'il connut le désastre, il se replia sur sa position centrale, d'où il vint à Slonim pour s'unir à Schwarzenberg. Cette jonction était accomplie le 30 juin. Napoléon plaça les deux corps sous le commandement de Schwarzenberg, qui décida d'attaquer Tormazow où il le trouverait. L'armée franco-autrichienne quitta Slonim le 4 août et refoula les avant-gardes de Tormazow sur Khomsk et Kobrin; Reynier marchait sur Velikoï-Selo pour contenir l'adversaire, que l'on prévoyait vouloir se porter sur Volkowisk, tomber sur le Niémen et compromettre la base d'opération de la grande armée.

Les troupes de Tormazow avaient été forcées, dans la nuit du 10 au 11 août, au défilé de Kosibrod. Dès qu'elles furent rejointes par les contingents rappelés de Kobrin et de Knowing, Tormasow s'établit sur les hauteurs en arrière du défilé, dans une forte position. Mais il commit la grosse faute de ne pas garder les approches d'un bois situé sur son flanc gauche. Reynier tira parti de cette grosse faute et les deux généraux combinèrent une attaque de front, avec débordement sur le flanc gauche russe. Schwarzenberg se chargea d'attaquer Gorodetchna et Podubne; Reynier, renforcé, manœuvrerait pour tourner et déborder le flanc gauche russe et couper Tormazow de Kobrin, sa seule ligne de retraite.

6

L'action s'engagea de bonne heure, progressivement jusqu'à l'entrée en ligne de Reynier. Les Autrichiens furent repoussés sur Gorodetchna et Podubne. Quand Reynier déboucha, Tormazow porta sa seconde ligne face au sud et, au moment où Reynier déployait ses troupes, les Russes commirent l'irréparable faute de descendre des hauteurs et de se porter à la rencontre des Français qui les repoussèrent. Schwarzenberg, tout en se maintenant par son artillerie sur les positions où il avait été refoulé, renforçait les troupes de Podubne et le village fut enlevé. Alors les Autrichiens vinrent occuper le plateau et prirent à revers les troupes de Tormazow qui contenaient Reynier, pénétrèrent entre elles et le village de Zambiozcz perçant ainsi la ligne ennemie.

La situation des Russes était des plus compromises; la nuit vint et leur permit d'échapper à un désastre en se retirant sur Kobrin.

TROISIEME PARTIE

Moscou

CHAPITRE Ier

LA MANŒUVRE DE SMOLENSK.

Sommaire. — Proclamation du tsar — Etat moral de l'armée française — Reprise de l'offensive par l'Empereur ; son plan. — Plan de l'armée russe. — Combat d'Inkovo (8 août) — Modification du plan des Russes — Combat de Krasnoïe (14 août) — Combat de Smolensk (17 août). — Retraite des Russes.

Napoléon avait perdu la première manche dans la lutte qu'il avait engagée contre la Russie en échouant dans la fameuse manœuvre de Vilna ; d'un autre côté, sans trouver cependant une compensation, il pouvait contempler avec un certain orgueil le résultat de la campagne, car il était arrivé sur la route de Moscou.

Les Russes comprenaient bien tout le péril qui les menaçait, mais ils comptaient aussi sur le concours des forces naturelles pour leur donner la victoire. Napoléon doutait encore, il douta toujours, de l'issue défavorable de cette campagne, malgré l'état moral de son armée. Le tsar, au contraire, espéra ainsi qu'en témoignent les quelques lignes suivantes, extraites de sa proclamation du 18 juillet :

Habitants de Moscou, l'ennemi, avec une perfidie sans pareille a franchi nos frontières !... L'armée russe brûlait de se jeter sur ses nombreux bataillons, et de les punir par une destruction entière ; mais notre tendresse paternelle pour nos fidèles soldats n'a pas dû leur permettre une action aussi désespérée. Nous ne pouvions pas souffrir que nos braves fussent sacrifiés sur les autels de ce Moloch. Nous ne devons nous mesurer avec lui qu'en combat égal, homme contre homme ; mais, pour retirer à l'agresseur l'avantage du nombre, de nouvelles levées sont nécessaires. C'est à notre ancienne capitale, c'est à Moscou, rési dence de nos ancêtres, que nous nous adressons avant tout .. L'indépendance de la Russie et la sûreté de notre sainte Eglise sont menacées. Dans de telles circonstances, l'appel aux armes doit être entendu comme une loi sacrée. Puissent les cœurs de notre illustre noblesse, et ceux de toutes les classes, se remplir de ce véritable esprit des combats que Dieu et notre église orthodoxe bénissent également.

Des proclamations de ce genre furent lancées dans tout l'empire, et nous verrons plus tard quel écho elles eurent. Avant de poursuivre notre étude, il nous faut revenir à l'armée française et examiner en quel état moral elle se trouvait au moment de reprendre les opérations.

En voici le tableau que nous trace M. le général Bonnal :

Le désordre, sous toutes ses formes, avait pris, déjà avant le passage du Niémen, un développement excessif dans cette grande armée formée d'éléments hétérogènes et en grande partie médiocres.

Les contingents allemands se firent remarquer par leurs excès, même en territoire prussien, et les méfaits de certains d'entre eux furent tels que la brigade wurtembergeoise fut dissoute, par ordre impérial du 20 juin, comme infâme.

Au delà du Niémen, le pays n'offrit que de très maigres ressources, les Russes détruisant tout en se retirant.

Les corps de la grande armée bivouaquèrent donc presque journellement et durent vivre presque exclusivement sur leurs convois qui portaient nominalement 20 jours de subsistances au départ de la Vistule.

Les chevaux nourris exclusivement de l'herbe des champs moururent par milliers dès les premiers jours de juillet.

A la chaleur accablante du jour, succédait, la nuit, une température très froide.

Les cadavres d'hommes et de chevaux encombrèrent la route de Kowno à Vilna et, dans cette ville, les odeurs pestilentielles provenant de la décomposition des corps sans sépultures provoquèrent de la part de Napoléon, une lettre du 2 juillet au major-général ordonnant de préposer *des officiers d'état-major et des gendarmes* aux travaux d'enfouissement des cadavres et des chevaux crevés « tant dans la ville de Vilna que dans une circonférence de 2 lieues de rayon. » (1)

Ce pauvre état-major de la grande armée était-il tombé assez bas ! surveiller l'enterrement des cadavres et des immondices !

D'ailleurs Napoléon laissait échapper, le même jour, 2 juillet, à propos des fours dont la construction, ordonnée à Vilna, n'était même pas commencée, un aveu qui condamne l'organisation de l'état-major français telle qu'il l'avait faite ou subie :

« L'état-major est *organisé* de manière qu'on n'y prévoit rien. »

Oui, on ne prévoyait rien à l'état-major de la grande armée parce qu'un seul homme pensait, jugeait, ordonnait, ne laissant à personne le droit de réfléchir, puis d'oser prendre de lui-même une décision appropriée aux circonstances.

En quelques mots, Napoléon cédant à une impression de co-

(1) Le colonel Bernard décompose les pertes comme il suit : Tués au feu, 2.000 ; blessés, 6.000 ; morts de fatigue ou de maladie, 24.600 ; malades, 58.880 ; déserteurs, 60.000 ; maraudeurs, 30.000 ; prisonniers 600 — Total 183.000.

lère mal déguisée, condamne tout son système de commandement.

L'état-major français n'était pas *organisé* de manière à prévoir.

Simple organe d'enregistrement et de transmission son rôle fut des plus effacés, tandis qu'il aurait dû prendre une part active aux travaux du commandement, et l'aider à porter le lourd fardeau des opérations, tant militaires qu'administratives.

En dépit des circonstances les plus contraires, l'armée française marcha quand même et combattit bravement, au cours de cette guerre funeste, dans les rares occasions qui se présentèrent à elle de déployer son immense valeur. Rongée par les privations, elle se comporta comme le héros atteint mortellement qui lutte contre le mal, soutenu par la fièvre, jusqu'au moment où il tombe épuisé.

Napoléon comprit de suite qu'il fallait porter un remède au mal, et en arrivant à Vitebsk il avait l'intention « de donner sept ou huit jours de repos à l'armée, afin d'organiser les magasins. » L'armée française s'établit : la garde à Vitebsk ; Eugène à Janovitchi et Souraje ; Nansouty et Montbrun sur Poretchïé et Rodnia ; Ney à Liousna ; les divisions Morand et Friant à Vitebsk ; la division Gudin à Pavlovitchi, pour se relier à Davout ; enfin Saint-Cyr reste plus en arrière, à Bechenkowitchy. Il s'attacha, pendant ce repos, à relever le moral de son armée, à remettre tout en ordre, si bien que le 8 août, l'Empereur avait en main 172.000 hommes, dont 32.000 cavaliers ; 106.000 hommes, dont 14.000 cavaliers, étaient sur la Dvina et en Volhynie ; Victor et Augereau avaient 75.000 hommes, dont 10.000 cavaliers ; enfin, il faut ajouter les détachements en marche et la garnison des places fortes.

Dès lors, Napoléon prépara la reprise de son projet
de rejeter les Russes sur la Baltique et la Dvina, con-
trarié d'abord par les tentatives de Barclay sur le
Dniepr, et malgré le péril qui le menaçait après la
jonction de Barclay et de Bagration aux environs de
Smolensk. Cette opération courait un autre danger ;
il fallait pousser les Russes sur la Dvina, et pour cela
se masser sur leur flanc gauche, traverser le Dniepr et
venir déboucher par Smolensk sur la rive droite, en
faisant une marche de flanc. L'Empereur comptait
réussir ce mouvement en l'accomplissant à 6 lieues
des Russes, à l'abri des bois et des marécages qui pul-
lulent dans la contrée.

Davout (1ᵉʳ, 8ᵉ corps, corps de cavalerie de Grouchy et de Latour-Maubourg, brigades Pajol et Bordesoulle) devait passer le fleuve à Rasasna et à Liadi ;
Murat et Ney marcheraient de Liosna sur Rasasna
et Liadi par Lioubavitchi, le prince Eugène et la garde
de Babinovitchy sur Rasasna.

Nous sommes donc encore une fois en présence d'une de ces
manœuvres simples et grandioses, qui ont pour but de tourner
l'adversaire avec la masse des forces et de le battre, après lui
avoir enlevé au préalable la possibilité de se retirer sur sa base
d'opérations, de sorte que l'ennemi, une fois battu est anéanti.
C'est Marengo, c'est Ulm, c'est Iéna, c'est la manœuvre de
Landshut, en 1809, quand il refoule l'archiduc Charles au-delà
du Danube, à Ratisbonne, c'est l'essence même de sa stratégie ;
il a donc raison de compter la manœuvre de Smolensk au nombre des plus belles de sa carrière...

Ces changements de front conçus par le génie de Napoléon,
sont un des traits les plus caractéristiques de sa stratégie, c'est
la concentration simultanée de toute l'armée, sur un des points
de passage d'un cours d'eau, par des mouvements rapides,
masqués par un obstacle naturel ou par un rideau de troupes.

C'est ainsi qu'en 1796 il a filé le long du Pô sur Plaisance, où il a surpris le passage, pendant que son armée semblait encore menacer Beaulieu de front, à Valenza ; c'est ainsi qu'il a procédé en 1809, pour le rassemblement grandiose et rapide de ses troupes dans l'île de Lobau. Il en est de même, dans cette campagne, de la concentration à Bechenkowitchy, et de celle que nous venons de voir à Rasasna, où les mouvements de son armée sont masqués par les forêts marécageuses, aux sources de la Bérézina, et par la cavalerie qui forme, à Rodnia, un rideau devant Barclay. En 1813, il formera encore le plan de faire filer son armée derrière le Thuringerwald et l'Elbe, sur Havelberg, pour y franchir ce fleuve et se trouver ainsi sur le flanc droit de l'ennemi ; en août, il rassembla effectivement son armée à Stolpen, dans l'intention de franchir l'Elbe Prina, avec ses forces réunies, et de tomber sur les derrières de Schwarzenberg. Ce qui caractérise cette opération, c'est qu'avant de franchir la ligne d'eau choisie, il amorce chaque fois son mouvement tournant à une nouvelle ligne d'opération, et réunit le gros de ses forces en un point en deçà de l'obstacle, au delà duquel il ne débouche qu'en masse. (*Yorck de Wartenburg*).

Les Russes n'étaient pas très enthousiasmés par l'idée de certains généraux de reprendre l'offensive. Barclay et Bagration, réunis à Smolensk, pouvaient mettre 140.000 hommes, dont 30.000 cavaliers en ligne. Barclay voulait continuer la retraite, comptant sur le climat et les difficultés à vaincre au milieu de l'immensité du territoire russe pour assurer les vivres de l'armée. L'esprit national ordonnait d'agir. Un conseil de guerre fut constitué par Barclay et on en revint à l'idée d'une offensive. Le conseil décida que l'armée serait formée sur trois colonnes et se mettrait en marche le 7 août, contre le centre de la ligne française alors à Inkovo. L'armée de Barclay marcherait sur deux colonnes contre ce point ; Bagration se tiendrait en réserve aux environs de Nodva, une de ses divisions couvrant Smolensk par la rive gauche du Dniepr.

Cette idée fut une grande faute dont les Russes s'aperçurent dès la première rencontre à la suite de laquelle ils modifièrent leurs vues.

L'offensive des Russes aurait difficilement amené une victoire véritable, c'est à-dire une bataille à la suite de laquelle les Français eussent été contraints d'arrêter leur mouvement en avant et peut-être de reculer considérablement ; mais elle pouvait conduire à une échauffourée brillante, comme disent les Français. On aurait trouvé, en effet, les corps français dans des cantonnements trop étendus pour ne pas contraindre à un mouvement rétrograde les corps sur lesquels on serait tombé. Si les Russes avaient tenu leurs trois colonnes assez rapprochées les unes des autres, pour qu'elles aient pu exécuter le même jour les ordres donnés par le général en chef, on eût rendu possible une attaque enveloppante et riche en résultats contre celui des corps qu'on eût trouvé devant soi. On eût ainsi infligé à l'ennemi des pertes considérables sans compter celles moins importantes qu'auraient pu éprouver les corps voisins plus ou moins troublés dans leurs mouvements. Le résultat eût été quelques combats brillants, un grand nombre de prisonniers et peut-être quelques canons. L'ennemi eût été repoussé de plusieurs marches en arrière et, ce qui était capital, l'effet moral eût été désastreux pour les Français, excellent pour l'armée russe.

Après avoir moissonné ces avantages, on eut été dans la nécessité, soit d'accepter une bataille contre la totalité de l'armée française, soit de se résoudre à une nouvelle retraite. Si la retraite volontaire jusqu'au centre de la Russie d'Europe avait été la résultante d'un système, il eût fallu sans hésitation se replier de nouveau et ne considérer l'entreprise que comme une sortie à grande envergure faite hors d'une forteresse. Mais il n'y a pas trace d'une pareille idée dans l'esprit de ceux qui dirigeaient alors la guerre. Il n'y a pas l'ombre d'un doute qu'on n'eût été conduit après les premiers succès de l'offensive à faire front contre l'armée ennemie réunie pour ne pas se donner l'apparence d'avoir été battu. On eût été ainsi conduit à accepter une bataille défensive dans des conditions telles que le résultat n'en pouvait être douteux, ne fût-ce qu'à cause de la disposition des forces (*Clausewitz*).

La première rencontre des adversaires, au cours de l'exécution du nouveau plan de campagne russe, eût lieu à Inkovo, le 8 août. Cette position était occupée par la division de cavalerie légère de Sebastiani, appuyée par un bataillon du 24ᵉ léger. Les Français s'établirent en cantonnement sans avoir pris la moindre précaution, si bien que 12.000 Cosaques, éclairant la marche de Pahlen, tombèrent sur le camp à l'improviste. Grâce à l'appui du 24ᵉ de ligne le danger fut conjuré, mais avec 400 hommes hors de combat et la perte de la compagnie de voltigeurs du 24ᵉ.

Cette rencontre apporta une nouvelle modification au plan de Barclay. Sa cavalerie lui avait révélé la concentration de l'armée française sur le Dniepr, vers Sourajc. Cette situation mettait aux mains de l'empereur la route de Veliki-Luki, la seule conduisant de la Dvina à Saint-Pétersbourg, en l'état où les choses étaient. Cette concentration française menaçait fortement le flanc droit de Barclay ; celui-ci arrêta les ordres qu'il avait donnés pour la reprise d'une offensive, et la prise d'une dépêche de l'Empereur, révélant ses intentions de déboucher, par la Passarge, sur les derrières russes, en marche sur la Basse Vistule, le fit décider à se reporter sur Smolensk avec Bagration.

Dès que l'Empereur connut l'affaire d'Inkovo, il fit concentrer Davout, Ney et Eugène à Liozno, pour enrayer l'offensive de Barclay. Mais il ne renonça pas à son action sur Smolensk. Davout fut invité à préparer le matériel nécessaire au passage du Dniepr, fixé pour la nuit du 12 au 13 août.

Le passage du fleuve commença le 13, dans l'après-midi, par les troupes de Grouchy, puis celles de Friant, Gudin et Morand sur les deux ponts jetés à Rasasna; Murat, Nansouty, Montbrun et Ney sur le pont jeté à Khomino.

Le 14, Eugène et la garde, venant de Lioubavitchi et de Babinovitchy, se servirent des ponts de Rasasna. Poniatowski est à Romanovo ; Dombrowski et 6.000 hommes gardent Mohilew d'où ils assurent la couverture de Minsk ; Junot est à Romanovo derrière Poniatowski; Latour-Maubourg à Rogatchew. Ce même jour, Murat avec les cavaleries de Nansouty et de Montbrun, et les troupes de Grouchy sont en marche sur la route de Smolensk.

L'avant-garde de ces troupes était formée par Ney, Grouchy et la brigade indépendante Bordesoulle. En débouchant à Krasnoïe, cette avant-garde se heurta à la division russe Neverofskoï et les dragons de Charkof, solidement établis derrière un ravin dont ils avaient coupé les ponts. La cavalerie française réussit à trouver un point de passage et, tombant sur le flanc droit russe, elle parvint à rompre les carrés ennemis après une résistance héroïque. Neverofskoï se retira sur Smolensk, laissant 8 canons, 14 caissons et 1.500 prisonniers aux mains des Français.

Le 15, l'armée française s'étend de Loubnia à Siniaki ; l'armée russe devait pousser en avant, Barclay de Volokovaïa, Bagration de Katinie, jusqu'à Nodva. Le dernier, apprenant l'affaire de Krasnoïe, fit occuper Smolensk et ramena le reste de ses troupes à Katinie.

C'est à ce moment que l'on connut la marche de l'Empereur sur Smolensk, par la rive gauche.

Smolensk est environné d'un mur de maçonnerie de briques, de 25 pieds de hauteur, dix-huit d'épaisseur et de 3.500 toises de circonférence. Cette enceinte, dégradée en plusieurs endroits, est garnie de trente tours, dont quelques-unes menacent ruine, tandis que d'autres, transformées en petits bastions à la moderne, sont armées d'artillerie. Un fossé sec, un chemin couvert et un glacis couvrent le mur d'enceinte. La proximité des maisons des faubourgs permet d'approcher à couvert jusqu'au pied des glacis. La ville n'est percée que de trois portes, deux sur la campagne et une sur le Dniepr. *(de Butturlïn. T. I.)*

Le 16 août, à 8 heures du matin, les premières troupes françaises apparurent devant la place. Après une reconnaissance, il fut décidé que la première attaque serait dirigée contre une large ouverture faite dans le rempart et fermée par un important ouvrage en terre. Quelques coups de feu furent d'abord échangés entre les défenseurs et les assaillants, nos tirailleurs arrivent même dans les ravins qui conduisent à l'ouvrage, soutenus par un bataillon du 46ᵉ.

Les Russes laissent approcher ces troupes, puis découvrent plus de 4.000 fusils soutenus par 60 pièces d'artillerie. Un second bataillon est envoyé aux Français pour les recueillir, et tous réussissent à se replier en bon ordre. L'Empereur comptait enlever facilement la ville ; il la croyait défendue seulement par la division de Neverofskoï ; il ignorait la présence du corps de Rajewski, fort de 16.800 hommes, et qui, averti à temps de l'affaire de Krasnoïe, avait gagné la place.

On pouvait espérer, par une manœuvre habile,

attirer les Russes dans la plaine et leur livrer une bataille. L'Empereur disposa ses troupes : Ney devant
le faubourg de Krasnoïe, la gauche appuyée au Bas-
Dniepr, la droite entre le chemin de Krasnoïe et celui
de Mstislavl ; le 1er corps, sur deux lignes, face à la
porte de Malakovska vis-à-vis des faubourgs de Roslavl et de Nikolsoï, la garde est en réserve derrière le
1er corps ; le 4e corps est à Krasnoïe, la cavalerie Pajol garde les rives du Dniepr à Korouitnïa et les
Westphaliens éclairent sur la droite dans cette direction. Nous disposions de 190.000 hommes.

Le reste de la journée se passa en fusillade d'avant-
postes. Pendant ce temps, Barclay et Bagration cherchaient le moyen d'échapper au piège que venait de
leur tendre l'Empereur. Le 17 au matin, dès 4 heures,
Bagration quitta la ville et vint s'établir derrière la
Kolodnia pour couvrir la route de Moscou.

L'Empereur apercevant ces colonnes défiler dans le
lointain, se résout à une attaque de vive force contre
la place. A deux heures de l'après-midi, conformément au programme arrêté le matin, Morand attaque le faubourg de Roslavl, Gudin celui de Mstislavl,
Ledru celui de Krasnoïe, Marchand le bastion Royal,
les Polonais se ruent contre le faubourg Nicolskoï,
pendant que la cavalerie de Bruyères balaie les bords
du Borysthène, et les approches du faubourg de
Raczewska. Jusqu'à cinq heures du soir, une fusillade incessante contient les efforts des Français ; les
grenadiers du 1er corps sont maîtres de la porte Malakovska, mais des renforts russes réussissent à les en
chasser. Sur plusieurs points nous sommes maîtres
des glacis et notre artillerie couvre tous les chemins

de ses projectiles. La nuit mit fin au combat, mais elle permit aux Russes d'abandonner la place et de se retirer sur la rive droite du Dniepr.

Le général major baron Korff, avec une forte division, fut chargé de garnir les remparts pendant que les autres divisions repassaient le Dniepr. Les ponts mobiles furent repliés ; enfin, vers une heure après minuit, le général Korff fit mettre le feu en plusieurs endroits de la ville, et lorsque l'incendie se fut bien répandu. il passa le fleuve avec sa division sur le pont stable qui était devant la porte, et, l'ayant rompu, prit poste dans le faubourg (*Général Guillaume de Vaudoncourt*).

Vers deux heures du matin, quelques-uns de nos soldats pénétrèrent dans Smolensk et constatèrent la disparition de l'ennemi. Quelques heures après, l'Empereur prenait possession de la ville qui offrait le spectacle le plus navrant. « A côté d'un soldat français, on voyait les cadavres de cinq à six Russes » (*Eugène Labaume*); « l'entrée des portes, les brèches et les principales avenues étaient remplies de morts et de mourants, presque tous russes » (*docteur Larrey*); « le peu de maisons qui restaient se trouvaient envahies par les soldats... les églises seules offraient quelque consolation aux malheureux, qui n'avaient plus d'abri... » (*Eug. Labaume*).

Les Russes en quittant Smolensk pouvaient redouter de se voir précéder par les Français à Solovievo, où la route de Moscou franchit, pour la dernière fois, le Dniepr. Barclay para à cette éventualité en prescrivant à Bagration de gagner Dorogobouj, tandis que, faisant un détour, il rejoindrait la route de Moscou vers Loubino, évitant ainsi d'être menacé par un endroit où il serait possible de franchir le Dniepr à un gué.

L'armée fut partagée en deux colonnes : la première, sous les ordres de Touczkoff, comprenant les 2e, 3e et 4e corps d'infanterie et le 1er de cavalerie, marcha par Gorbounovo sur Loubino ; la seconde, commandée par Doctorow (5e et 6e corps d'infanterie, 2e et 3e de cavalerie) passa par Sikolino et Solovievo ; le pont de Solovievo fut occupé par 7 régiments de cosaques, 2 bataillons de chasseurs, un régiment de cavalerie sous les ordres de Touczkoff, frère du commandant de la 1re colonne ; enfin, l'arrière-garde était constituée par le 2e corps de cavalerie.

C'était encore un échec pour nos armées : une fois de plus, l'ennemi réussissait à leur échapper.

Cette défense de Smolensk fut, au fond, une étrange chose. Il ne pouvait en résulter une bataille générale parce que les Russes, une fois Smolensk perdu, ne se seraient laissés entraîner à aucune autre action — ils avaient déjà détaché en arrière le tiers de leurs forces avec Bagration — et parce que, quand bien même ils auraient conservé cette ville, ils n'auraient pu en déboucher contre l'armée française. Il n'est pas, en effet, raisonnable d'admettre que cette armée se fut usée devant les murailles de Smolensk et eût ainsi été elle-même chercher sa défaite.

Ce ne pouvait être qu'un combat partiel incapable de modifier les conditions réciproques des deux partis et, par conséquent, d'arrêter soit la marche en avant des Français, soit la retraite des Russes. L'avantage qu'avait Barclay consistait en ceci : premièrement ce combat ne pouvait en aucun cas, conduire à une défaite comme cela arrive facilement lorsqu'on se laisse entraîner à une action contre un adversaire très supérieur en nombre : Barclay pouvait toujours rompre le combat en abandonnant Smolensk et en continuant sa retraite, et deuxièmement, les Russes étaient, dans leur lutte dans les faubourgs, plus couverts que leurs adversaires et trouvaient une retraite assurée derrière les murs de la ville. Le résultat pu-

rement militaire de ce combat fut la perte de 20.000 hommes
que les Français laissèrent devant cette ville. Les pertes des
Russes furent un peu moindres et dans les conditions où l'on
se trouvait déjà à cette époque, il leur était plus facile qu'aux
Français de réparer cette perte. (*Clausewitz*).

Il est évident que l'idée première de l'Empereur, la plus importante, ne s'est pas réalisée cette fois encore. Sachant que
les Russes sont absents de Smolensk, qu'ils sont en marche
sur Roudnia et Poretchié, il avait formé le projet de tourner
leur droite, de paraître inopinément devant Smolensk, de s'en
emparer d'un tour de main, et de gagner du même coup la
route de Moscou et les derrières de l'armée russe.....

La précaution de Bagration de détacher à temps un de ses
corps pour tenir Smolensk, les ouvrages qui permettaient à
cette ville de résister à un premier assaut : telles sont les causes
qui ont fait échouer le plan de Napoléon. On ne saurait mettre
ces insuccès sur le compte de l'Empereur ; il lui est arrivé ici
ce qui arrive souvent à la guerre : les hypothèses sur lesquelles
son plan était basé ne se sont pas réalisées, les dispositions
prises par l'ennemi avaient contrecarré les siennes. En pareil
cas, un grand général donne la mesure de son génie, en adap-
tant promptement ses résolutions aux circonstances, en tirant
parti de la nouvelle situation et en atteignant, par suite, quand
même le but qu'il s'est proposé.

Au cours de notre étude de la carrière de Napoléon, nous
l'avons déjà vu, à Arcole, aussitôt après l'avortement de sa
conception du début, adapter immédiatement son opération
aux nouvelles circonstances, et savoir quand même, malgré le
premier échec, obtenir finalement la victoire. Ici, au contraire,
nous voyons l'Empereur se cramponner à son idée première,
de prendre Smolensk, perdre de vue le but principal de sa
manœuvre, qui doit lui permettre d'arriver sur la ligne de retraite des Russes vers Moscou : son but principal qu'il pouvait
encore espérer atteindre, en modifiant promptement sa résolution, en choisissant un autre point de passage du Dniepr, un
peu au-dessus de la ville, Dresna par exemple, où Junot passera,
du reste, le 19. Nous ne pouvons pas non plus nous empêcher
de constater que l'Empereur est en pleine possession de son

génie, sous le rapport de la pénétration et de la clarté d'esprit, en tout ce qui touche à l'appréciation de situations stratégiques, comme les dispositions de son plan le démontrent ; mais il n'a plus la même vigueur et la même vivacité dans la conception, ni la même puissance de décision, et le cas de Barclay, qui se retire sans avoir été battu, nous prouve qu'à la guerre, la vivacité, la souplesse et l'esprit de décision sont plus importants que la pénétration d'esprit. (*Yorck*).

CHAPITRE II

LA MOSKOWA.

Conformément aux ordres de l'Empereur, le 19 août l'armée française s'ébranla dans l'ordre suivant : en tête Ney, dont les éclaireurs occupent l'espace entre les routes de Saint-Pétersbourg et de Moscou, avec la cavalerie de Bruyères ; le 1er corps (Davout) est relié au maréchal Ney par les divisions Gudin et Compans ; la cavalerie d'Eugène franchit le Borysthène à un gué au-dessus de Smolensk ; l'armée westphalienne passe le Dniepr à Proudichtcha et débouche sur la route de Moscou au-delà des défilés de Valoutina ; la garde reste à Smolensk ; les Polonais suivent la rive gauche du Borysthène.

Ney, au cours de sa marche, se jeta sur la colonne de Touczkoff, à Gedeonovo. Mais l'arrivée de l'Empereur fit suspendre cette affaire qu'il jugea inutile. Après une étude de la direction de la marche des Russes, il conclut à l'impossibilité d'une retraite de l'ennemi sur la Dvina et il prescrivit immédiatement à ses troupes de se diriger sur la route de Moscou.

C'est dans ces circonstances que se produisit l'affaire de Valoutina. Dès le premier contact avec les troupes de Ney, Touczkoff se résout à tenir le plus longtemps possible sur cette position, en prévenant Barclay de sa situation.

Au début de l'engagement, les Russes se replièrent sur Polodhi, où ils trouvèrent l'appui de 8 pièces et de plusieurs régiments de grenadiers. Le pont fut détruit et la rive gauche occupée par des tirailleurs, tandis que la crête des hauteurs se couvrait d'artillerie qui arrivait à tout instant. Barclay fit occuper les rives d'un sous-affluent pour parer à une attaque en écharpe des Français qui auraient pu réussir à franchir le Dniepr à gué.

Ney, au lieu d'attendre la coopération de Junot, malgré ses 12,000 hommes, s'engagea à fond, en demandant des renforts. Murat et 3,000 cavaliers suivis de la division Gudin, à laquelle il fallait au moins cinq heures pour arriver sur le champ de bataille, furent envoyés. Malgré l'appui de Murat, Ney fut repoussé. Junot ayant trouvé un point de passage à Proditchevo aurait pu décider de l'action. Mais il n'écouta pas les appels de Murat et resta inactif au milieu des marais du Dniepr. La situation commandait un suprême effort. Ney s'y résigna en faisant face seul à toutes les forces russes. C'est au moment de cette héroïque décision que la division Gudin arriva. Ney lui donna la division Ledru pour opérer au-delà du ruisseau, tandis que son autre division (Razout) abordait le plateau. Dans le superbe élan de la division Gudin contre les grenadiers russes, le chef tombe glorieusement frappé à mort. Les soldats jurent

de venger leur général, et Gérard, qui vient de succé-
céder sur-le-champ à Gudin, les entraîne. Ils sont
arrêtés et refoulés par l'arrivée de la division russe
Konowintsy. Ney prend alors le commandement des
2 divisions et à leur tête produit un formidable
choc qui arrête l'élan de l'adversaire. A 10 heures du
soir, la lutte prit fin, laissant le plateau entre nos
mains. 7,000 Français et 7,500 Russes étaient tom-
bés dans cette affaire.

Barclay put continuer sa retraite sur Solovievo et
Dorogobouj, marchant par échelons, formés d'infanterie et d'artillerie. Il était, le 22, sur l'Ouja. Il fit appeler Bagration et lui proposa d'engager une bataille
sur ce point. Celui-ci n'approuva pas les idées de Barclay et continua sa retraite, tandis que ce dernier venait
à Ousviatch (nuit du 23), de là à Dorogobouj (24) et à
Wiasma (27) qu'il incendie avant de partir; le 29, il
occupe Tsarevo-Saimichtché où il est encore hanté
par l'idée d'une grande bataille, mais il ne put la mettre à exécution. Ce jour-même, il fut relevé du commandement en chef et remplacé par Kutusow. Le
nouveau généralissime eut, un moment, l'idée de réaliser les vues de son prédécesseur, mais il jugea la
position insuffisante et ramena ses troupes, le 31, à
Ivachkovo.

Revenons aux mouvements des Français. Le 23,
Murat et Davout sont sur les derrières de la position
russe d'Ousviatch, Ney à Hoboda-Pnievo; Junot tou-
jours dans le voisinage du Dniepr au domaine de
Chenkova, Grouchy à Doukhovtchina; Eugène à
Pomogaïlova, Poniatowski, sur la route Dorogobouj—
Bielkino-Jelnia; Latour-Maubourg à Mstislavl.

Les renseignements reçus au grand quartier général français font supposer une action imminente derrière l'Ouja. L'Empereur pousse Eugène, Latour-Maubourg et Poniatowski sur l'armée ; Junot et la jeune garde, que la vieille garde suivra, sur la route de Moscou. L'Empereur quitte lui-même Smolensk à minuit, le 24, pour livrer bataille le 25. Mais ce jour-là, dès la première heure, il était fixé sur les intentions réelles de l'adversaire qui refusait tout engagement.

Il prescrit au gros (Murat, Davout, Ney, la garde et Junot) de suivre la route de Moscou ; la gauche (Grouchy et Eugène) franchit le Dniepr à Maladilova ; la droite, Poniatowsky, marche par Volotchok et Pokrov. Le 1er septembre, l'Empereur atteignait Ghjatsk, où il apprit le dessein bien arrêté des Russes de livrer bataille ; son armée occupe ce jour-là : Murat un peu en avant de Ghjatsk, Davout et Ney dans la ville même, Eugène à Pavlovo, Poniatowski à Boudaïevo, Junot à Tieploukho. Ces positions furent conservées les 2 et 3 septembre. Le 4, l'armée française se remet en marche ; la cavalerie de Murat rencontra l'arrière-garde russe à Gridnieva.

Pendant la journée du 4, la cavalerie russe se conduisit admirablement.

La cavalerie russe manœuvra de cette manière — tirer avantageusement parti d'un terrain entremêlé d'obstacles pour faire paraître des forces plus considérables et augmenter l'illusion — avec beaucoup d'habileté, le 4 septembre 1812. Par la position qu'elle avait prise, ses lignes paraissaient très nombreuses ; un terrain coupé et couvert empêchait l'œil de pénétrer partout, les lignes se perdaient de tous côtés derrière des hauteurs et des bois.

La cavalerie française qui, réunie en fortes masses, sous Murat, marchait toujours en tête de l'armée dans cette guerre mémorable, se trouva forcée de s'arrêter plusieurs heures, jusqu'à ce que le 1er corps, commandé par Davout, fut arrivé et qu'on eut achevé la reconnaissance. Pendant ce temps, tout ce qu'on pouvait voir des lignes russes se perdit, et lorsqu'on se porta en avant, tout avait disparu. (*Général de Bismarck*).

L'appel lancé en Russie pour défendre le sol de la mère patrie contre l'invasion française avait été entendu. 25.000 hommes amenés par Miloradovitch à Kutusow le décidèrent à arrêter son mouvement de retraite et à engager la bataille depuis si longtemps désirée.

Une reconnaissance avait choisi la position de Borodino, dont la droite est appuyée aux collines de Maslovo et de Gorki, la gauche au ravin de Semenoffska. Au centre, passe le ravin de la Psareva, affluent de la Kolocza, que franchit la nouvelle route de Moscou. La Moskova, rivière profonde et sinueuse, coule au nord de cette position. Le plateau de Semenoffskoïe en est le réduit central ; il est formé d'un plateau proprement dit, de l'éperon ravineux dit de la Grande Redoute ; plus au sud, deux avancées, celle des Trois Flèches, et le plateau d'Outitza.

Cette position avait été renforcée d'ouvrages non palissadés et ouverts à la gorge : 1° une lunette et deux redans entre Maslovo et la grande route ; 2° les ouvrages de Gorki, comprenant une espèce de crémaillère et une grande lunette, barrant la route de Moscou ; 3° la grande redoute, vaste lunette avec flanquement, ouverte à la gorge ; 4° trois petites lunettes, sur le petit plateau au sud de Semenoffskoïe ; 5° la petite redoute de Chvardino, vigie entre ce dernier point et Doronino.

Le 5 au matin, l'Empereur reconnut les positions des Russes et décida qu'il refuserait la bataille devant le ravin semé d'obstacles et l'engagerait sur un terrain permettant de la diriger avec un grand déploiement de forces. Sauf son aile gauche, qui devait s'appuyer à Borodino, il jeta ses autres troupes sur la rive droite de la Kolocza.

Au cours de cette manœuvre, les Français durent aborder la redoute de Chvardino, élevée entre le village de ce nom et la vieille route Smolensk-Moscou. Cette mission échut au général Compans.

Il enleva rapidement les villages de Fonkino et de Doronino, puis couvrit le mamelon de plusieurs compagnies de voltigeurs soutenues par un bataillon; l'artillerie prit position pour contrebattre celle de la redoute, tandis que la cavalerie du roi de Naples s'avançait entre le bois et la droite de Compans; elle fut contenue par l'adversaire et ne put déboucher. Compans décida de tourner l'obstacle, mais à ce moment des masses de cavalerie russe l'attaquèrent et, soutenues par leur infanterie, elles engagèrent une lutte sérieuse pendant plus de trois quarts d'heure.

La nuit approchait et l'action ne se dessinait pas. Compans porta un bataillon du 57ᵉ couvrant quatre pièces chargées à mitraille; quand il fut à bonne portée de la redoute, sur l'extrême gauche de l'adversaire, il démasqua l'artillerie dont la mitraille fit replier les défenseurs qui laissèrent la redoute entre nos mains. Cette manœuvre du 57ᵉ coûta 200 hommes hors de combat.

Sur la gauche, le 111ᵉ avait tenté d'enlever Chvardino en flammes et de poursuivre les Russes au-delà.

L'ennemi ayant reconnu les faibles forces qu'il avait en face, les chargea avec sa cavalerie. Le 111e soutint le choc, mais perdit ses 2 pièces.

La nuit du 5 au 6 septembre fut activement employée par les deux adversaires. Borodino fut occupé par un régiment de chasseurs à pied de la garde russe ; les autres troupes marchèrent sur leurs positions de combat.

Napoléon fit jeter quatre ponts sur la Kolocza, à Alexino, et fit dresser trois épaulements qui devaient être armés de 24 pièces de 12 ; l'un, sur les revers nord-est du plateau de Chvardino pour battre les Trois Flèches ; le second, au nord devait battre le village de Semenoffskoïe ; le troisième, un peu au-dessus de la route de Moscou, contrebattaient la grande redoute.

Le 6 au matin, l'Empereur donna l'ordre suivant pour la bataille qui serait engagée le 7 :

A la pointe du jour, les deux nouvelles batteries construites pendant la nuit au plateau du prince d'Eckmühl commenceront leur feu contre les deux batteries ennemies opposées.

Au même moment le général Pernety, commandant l'artillerie du 1er corps, avec les 30 bouches à feu qui seront à la division Compans et tous les officiers des divisions Dessaix et Friant, qui se porteront en avant, commencera le feu et écrasera d'obus la batterie ennemie, qui, par ce moyen, aura contre elle vingt-quatre pièces de la garde, trente de la division Compans et huit des divisions Friant et Dessaix ; total 72 bouches à feu.

Le général Foucher, commandant l'artillerie du 3e corps, se portera avec tous les obusiers du 3e et du 8e corps, qui sont au nombre de 16, autour de la batterie qui bat la redoute de gauche, ce qui fera 40 bouches à feu contre cette batterie.

Le général Sorbier sera prêt, au premier commandement, à se détacher avec tous les obusiers de la garde, pour se porter sur l'une ou l'autre redoute.

Pendant cette canonnade, le prince Poniatowski se portera du village vers la forêt et tournera la position de l'ennemi. Le général Compans longera la forêt pour enlever la première redoute.

Le combat ainsi engagé, les ordres seront donnés selon les dispositions de l'ennemi.

La canonnade de la gauche commencera au même moment qu'on entendra la canonnade de la droite. Une forte fusillade de tirailleurs sera engagée par la division Morand et par les divisions du vice-roi, aussitôt qu'ils verront l'attaque de droite commencée. Le vice-roi, s'emparera du village — Borodino — débouchera par ses trois ponts sur la hauteur, dans le temps que les généraux Morand et Gérard déboucheront, sous les ordres du vice-roi, pour s'emparer de la redoute de l'ennemi et former la ligne de l'armée.

Le tout se fera avec ordre et méthode et en ayant soin de tenir une grande quantité de réserve.

Le plan de Kutusow était de barrer la route de Moscou, de Maslovo à Semenoffskoïe, contre une attaque des Français par Borodino et la Kolocza. L'affaire de Chvardino lui fit changer ce plan et, à la suite d'une reconnaissance qui lui révéla que tout le danger était du côté de Semenoffskoïe et d'Outitza, il porta le gros de ses forces entre ces deux points.

Les positions des armées étaient celles-ci :

ARMÉE FRANÇAISE

Aile gauche

PRINCE EUGÈNE : *Sur les hauteurs de Borodino.*

1re ligne
au nord de Borodino
{ gauche : division Delzons.
droite : division Morand.

2e ligne
derrière la 1re ligne.
{ gauche : division Broussier.
droite : division Gérard.

3ᵉ ligne : garde royale : général Lecchi.

3ᵉ corps de cavalerie à la hauteur de la division Lecchi. { divisions Chastel et Lahoussaie. brigade italienne : Villata. — bavaroise : Preysing. }

Centre :

L'EMPEREUR : *de la Kolocza au bois de Chvardino.*
Gauche : maréchal NEY, *appuyé à la Kolocza.*

1ʳᵉ ligne { gauche : division Razout. droite : — Ledru. }

2ᵉ ligne derrière la division Razout { division Marchand (Wurtembergeois). }

2ᵉ Corps de cavalerie (Montbrun) derrière Ney. { division Wathier. — Defrance. — Sebastiani. }

Droite : maréchal DAVOUT.
1ʳᵉ ligne : division Compans.
2ᵉ — : — Dessaix.

1ᵉʳ corps de cavalerie (Nansouty). { division Saint-Germain. — Valence. — Bruyères. }

Réserve : maréchal JUNOT (Westphaliens),
1ʳᵒ ligne : division Tharreau.
2ᵉ — : — d'Ochs.

Cavalerie { cavalerie westphalienne. division Chabert. brigade wurtembergeoise de Beurmann. }

Droite :

PONIATOWSKI : *à l'entrée du bois d'Outitza.*
1ʳᵉ ligne : division Kamenski.

2ᵉ — : — Zayonschek.
cavalerie : — Sulkowski.

Réserve :

Autour de Chvardino : division Friant.

En arrière de Chvardino	1ᵉʳ corps de la garde (Mortier).	division Roguet. — Claparède.
	2ᵉ corps de la garde (Lefebvre).	division Curial.
	4ᵉ corps de cavalerie (Latour-Maubourg).	division Rozniecki. — Lorge.
	Cavalerie de la garde (Bessières),	division Guyot. — St-Sulpice. — Walther.

Toutes ces troupes formaient une masse de 127.000 hommes, dont 86.000 fantassins, 24.000 sabres, 15.000 artilleurs servant 580 pièces et 2.000 hommes du génie.

ARMÉE RUSSE

Droite :

MILORADOWITCH : *sur les hauteurs entre Maslowo et Gorki.*

Aile droite : BAGOWOUT, *2ᵉ corps.*

Divisions Olsuvieff et Eugène de Wintemberg.

Aile gauche : OSTERMAN. *4ᵉ corps.*

Cavalerie : *derrière les 2ᵉ et 4ᵉ corps.*

1ᵉʳ corps de cavalerie (Ouvarow); 2ᵉ corps de cavalerie (Korff), cosaques de Platow.

Centre :

BARCLAY DE TOLLY : *de Gorki à la Grande Redoute.*

6ᵉ corps d'infanterie : DOCTOROW.

Division Kaptsewitch, à droite; division Likatcheff,

à gauche, 1 régiment de chasseurs à pied de la garde à *Borodino*.

Cavalerie : *derrière l'infanterie.*

3e corps : Kreuts, en remplacement de Pahlen, malade.

Gauche :

BAGRATION : *de la Grande Redoute à Outitza.*

7e corps : RAJEFFSKI.

Division Kolionbakin, *appuyée à la Grande Redoute.*

— Paskewitch — *au village de Semenoffskoïe.*

8e corps : BOROSDIN, *de Semenoffskoïe au bois d'Outitza,*

A droite : division Touczkoff.

A gauche : — Gortschakoff, remplaçant Neverofsko.

Les grenadiers de Worouzoff *au plateau des Trois Flèches.*

Cavalerie : *derrière l'infanterie.*

Plateau de Semenoffskoïe : 4e corps, Siewers.

Bois et plateau d'Outitza : 3e corps, Touczkoff.

Réserve : à Bareno.

5e corps : Schouvaloff. Division de grenadiers Dorokoff.

Garde impériale : prince de Galitzin.

Les forces russes comprenaient 140.000 hommes, dont 20.000 cosaques et miliciens et 580 bouches à feu.

Le 7 septembre, à 5 heures du matin, la batterie française du plateau de Chvardino ouvrit le feu contre les contingents russes. Tous ses coups furent courts en raison de la distance. Les pièces furent enlevées des abris et amenées en terrain découvert plus près de la position russe des Trois Flèches.

En même temps, Eugène attaquait Borodino et repoussait les Russes qui traversèrent la Kolocza. Il commit l'imprudence de poursuivre l'ennemi, et il fut contraint de faire replier le 106ᵉ de ligne, qui aurait été anéanti si le 92ᵉ n'était venu le dégager, car les Russes avaient été renforcés de deux régiments de chasseurs.

Tels furent les préliminaires de cette grande journée.

L'Empereur lança Poniatowski contre le bois d'Outitza occupé par les tirailleurs de Touczkoff. Ney et Davout devaient attaquer le plateau des Trois Flèches, Davout contre la redoute, Ney marchant entre les deux redoutes enlèverait la seconde, puis tous les deux opéreraient contre la troisième.

Davout lança ses troupes en deux colonnes et s'empara rapidement de l'ouvrage, non sans essuyer des pertes considérables, parmi lesquelles le général Compans. Puis, voyant Ney déboucher, il se porta à son aide. La lutte fut acharnée, car les Russes opposèrent une résistance désespérée. Davout fut blessé, son chef d'état-major tué. L'Empereur jugeant le péril de ses troupes, fit occuper le bois par Junot et renforça Davout de la division Dessaix. De deux côtés, les Russes reçurent également de nouveaux contingents qui arrivèrent au moment où la redoute de gauche allait être enlevée par la division Razout. La division Marchand vint appuyer Razout et réussit à repousser les Russes. Ce succès fut de courte durée. Bagration ayant renforcé sa ligne, les Russes repoussèrent notre effort. Murat lança sa cavalerie contre l'adversaire et cet appui permit à la division Razout d'enlever la redoute.

A ce moment, les Russes tentèrent un retour offensif pour reprendre la redoute aux mains de Davout. Après une lutte acharnée, à laquelle la brigade de Beurmann prit une part glorieuse, les Russes furent encore refoulés et, grâce à l'appui de Murat, à 10 heures du matin, les Russes étaient rejetés dans le ravin de Semenoffska.

Eugène venait de recevoir l'ordre d'enlever la Grande Redoute. L'artillerie fut impuissante à préparer l'attaque, en raison de la distance à laquelle elle tirait. La division Morand fut lancée à l'assaut du plateau, la brigade Bonamy contre la Grande Redoute, le reste des troupes contre les ouvrages qui la flanquaient. La position tomba rapidement entre nos mains.

Malheureusement ce succès acquis, Eugène conserva ses trois divisions inactives au lieu d'en porter au moins deux au secours de Ney et de Davout, ce qui aurait permis de prendre Bagration d'écharpe et de le détruire avant qu'il pût recevoir un appui. Les Russes s'aperçurent de cette grosse erreur; Barclay et Bagration résolurent de la punir. Ils demandèrent à Kutusow de les autoriser à renforcer le centre et la gauche d'une partie des réserves et de la droite, de jeter la cavalerie sur la rive gauche de la Kolocza, sur la gauche des Français. Ces propositions acceptées, les corps Platow et Ouvarow franchirent la rivière, Bagowout porta la division Eugène de Wurtemberg et 5 régiments de la garde sur Semenoffskoïe et Olsuvieff sur Outitza. Ces mouvements exécutés, Barclay et Bagration lancent des troupes contre la Grande Redoute, qu'occupe toujours, sans appui, le général Bonamy avec le 30ᵉ. Une lutte terrible s'engage ; les Français sont obligés de céder sous le nombre et la pluie de projectiles dont l'ouvrage est couvert. Vainement le 13ᵉ léger et le 17ᵉ de ligne sont envoyés au secours de Bonamy, la distance qu'ils ont à franchir est trop grande, et puis ils sont menacés par les 2ᵉ et 3ᵉ corps de cavalerie. Alors, Eugène jugeant toutes les conséquences de sa faute, veut la réparer, mais il est trop tard, et la Grande Redoute, reconquise au prix de pertes considérables, reste aux mains des Russes.

Du côté de Semenoffskoïe, Murat et Ney, — Davout avait été obligé de quitter son commandement par suite de sa blessure, — engagent une lutte qui allait décider de l'issue de la journée.

Les divisions Rapp, Dessaix, Ledru, Razout, Marchand et Friant, une partie du corps de Junot, 150 pièces d'artillerie appuyées par les corps de Nansouty, de Montbrun et de Latour-Maubourg débouchent sur Semenoffskoïe.

Les Russes opposent 200 pièces, la division Eugène de Wurtemberg, la division Likatcheff, le corps de Borosdin, la division Konowintzyn, les grenadiers de Woronzow et de Mecklembourg, la cavalerie de Siewers, les cuirassiers de Douka et 5 régiments de cavalerie de la garde. Tout à coup l'artillerie russe se tait. Bagration vient de changer son plan et cherche à refouler les Français dans le ravin et à reprendre le plateau des Trois Flèches. Une lutte sans pareille dans nos annales militaires s'engage. Une partie des

escadrons russes est refoulée par les corps de Nansouty et de Montbrun, tandis que d'autres réussissent
à traverser les lignes d'infanterie française. Les pertes
sont immenses, quelques-unes irréparables : Montbrun, Tharreau et Damas, du côté français ; Bagration, de Saint-Priest, son chef d'état-major et Touczkoff, du côté des Russes, sont tués.

A 11 heures du matin, rien ne dessinait l'issu de
la lutte. Alors l'Empereur, sachant Poniatowski
maître d'Outitza, appela la division Claparède et, à
sa tête, se porta vers le plateau. Un incident retarda
son mouvement. La division Delzons était restée
isolée sur la rive gauche de la Kolocza et y fut surprise par les cavaleries d'Ouvarow et de Platow ;
alors se produisit une panique dans les rangs français :
de nombreux fourgons et des hommes repassèrent la rivière et arrêtèrent la marche de l'Empereur, qui ne voulut la continuer qu'après s'être renseigné sur l'affaire
cause de cette panique. Mais Delzons ramena l'ordre
et réussit à faire face à l'adversaire et, plus tard, avec
le concours d'Eugène, le rejeta au delà de la Kolocza.
Mais ce retard permit à Kutusow de renforcer la ligne
de bataille du corps Ostermann et de la garde, cette
ligne s'étendait : la droite à Gorki, le centre à la
Grande Redoute et à Semenoffskoïe, la gauche à l'extrémité est du plateau de ce nom.

Jusqu'à 3 heures de l'après midi, le carnage continua
sans aucun mouvement décisif de part et d'autre.
Alors Napoléon, après avoir porté l'artillerie de Murat
et de Ney à 300 pièces, lui ordonna de canonner sans
arrêt l'infanterie russe. Puis Murat, avec ses troupes
(corps de Grouchy, de Caulaincourt remplaçant

Montbrun, de Nansouty et Latour-Maubourg) devait refouler l'adversaire contre la Grande Redoute qu'Eugène attaquerait avec 3 divisions d'infanterie, la division Delzons et la cavalerie légère d'Ornano.

Murat lança les 5e, 8e et 10e cuirassiers et les carabiniers Defrance, que l'impétuosité de la charge amena à hauteur de la Grande Redoute, sur les derrières des divisions russes Kaptsewitch et Likatcheff qu'Eugène attaquait de front ; ils se rabattirent ensuite sur la gauche. Une lutte terrible s'engagea au cours de laquelle Caulaincourt trouva la mort à la tête de ses escadrons. Pendant ce temps, les fantassins d'Eugène avancèrent à la baïonnette ; le 9e de ligne escalada les parapets de la redoute, contre laquelle le 5e cuirassiers refoula et sabra les troupes de Likatcheff. La cavalerie russe tenta d'intervenir, mais vainement : la Grande Redoute resta aux mains des Français.

A 4 heures du soir, Kutusow jugea la lutte perdue et ordonna de reculer sur la position de Psarewo. L'Empereur commit la grosse faute de se contenter de le canonner et de ne pas compléter la victoire en rejetant l'ennemi dans les bas fonds de la Psarewa et peut-être dans la Moskowa. Les Russes couchèrent sur ce plateau et le lendemain, à la première heure, se replièrent par la route de Mojaïsk.

Cette journée coûta 89.000 hommes se répartissant en 9.000 tués et 20.500 blessés pour les Français ; 20.000 tués et 40.000 blessés du côté des Russes.

La bataille de la Moskowa ou de Borodino a été diversement appréciée ; nous nous contenterons de mettre en relief les quatre jugements suivants :

Par suite de la circonspection inaccoutumée de Napoléon, la bataille n'avait été, dès le début, qu'une attaque de front dans laquelle les deux partis engagèrent jusqu'à trois heures, leurs dernières réserves. Le combat s'apaisa peu à peu et dégénéra en une canonnade qui se prolongea jusqu'à la nuit (*Rustow*).

Ainsi l'armée française est victorieuse ; elle a conquis le champ de bataille ; mais l'armée russe s'est retirée sans être désorganisée (*Vial*).

La bataille de Borodino, dans son ensemble, se compose donc d'une série de combats de front, dans lesquels la ligne française, un peu supérieure en nombre, mais très supérieure au point de vue tactique, fait sentir sur tous les points sa prépondérance et repousse ainsi la ligne russe. Or comme cette ligne est en partie retranchée, qu'elle se défend avec beaucoup de ténacité et que son infériorité numérique n'est pas très grande, ce refoulement ne peut se reproduire qu'au prix des plus grosses pertes de part et d'autre. A la prise de possession de la première position russe, la prépondérance numérique et tactique des Français avait usé ses moyens. Les Français avaient 28.000 hommes, les Russes 40.000 hors de combat ; l'épuisement complet des deux adversaires et leur inaction dès 3 heures de l'après-midi, peuvent par suite s'expliquer.

Mais, ce simple refoulement de l'adversaire, comme il arrive toujours en pareil cas, ne donna pas de résultat décisif, qui ne peut être produit que si ce refoulement de l'adversaire coïncide avec un mouvement prononcé contre un de ses flancs ou sa ligne de retraite, ou bien lorsque des réserves fraîches sont jetées sur la ligne ennemie, épuisée et très ébranlée, au moment où elle se replie. A Borodino, rien de semblable. Il y a bien le mouvement tournant dessiné par Poniatowsky, mais cette tentative faite avec des forces trop faibles fut facilement déjouée par un simple crochet défensif des Russes, et l'on n'y reconnait, ni dans la préparation ni dans l'exécution, aucun des caractères d'une attaque décisive.

..... Il n'y eut pas non plus d'attaque exécutée par une réserve de troupes fraîches contre le front russe très éclairci, et cependant l'Empereur en avait une, la garde ; mais il ne l'engage pas, contrairement à ce qu'il faisait, par le passé, quand il s'agit de mettre en déroute complète un ennemi qu'il a obligé, il est vrai, à reculer, mais qui a repris position. Pourquoi a-t-il agi de la sorte ? nous n'en savons rien. Craignait-il de trop s'affaiblir, d'arriver avec trop peu de monde à Moscou ? Jusqu'à présent il n'avait pas laissé voir cette préoccupation pendant son mouvement en avant, et il s'était peu soucié de conserver ses effectifs par une discipline plus sévère, par plus de sollicitude pour la subsistance et l'entretien de ses troupes. Comme toujours, il était allé de l'avant, se souciant peu de ménager son monde ; et maintenant il aurait été accessible à un tel souci, au milieu de la bataille, au moment même où le général en chef doit faire peu de cas des vies humaines, où aucune pensée secondaire ne doit l'empêcher d'user sans ménagements de toutes les forces dont il dispose, où il ne doit songer qu'à une chose : remporter la victoire, qui arrangera tout.....

..... Le grand art, dans la conduite des batailles, consiste d'une part à gagner le point faible de l'adversaire, un de ses flancs ou ses derrières, et d'autre part non seulement à se ménager une réserve, mais encore à s'en servir au moment opportun. L'Empereur, à notre étonnement, agit à Borodino comme si ce grand art lui était complètement inconnu (*York de Wartenbourg*).

L'aile gauche se trouvait déjà trop exposée pour qu'on se risquât à la compromettre encore plus en ne lui donnant pas une ligne de communication perpendiculaire au front. Il s'ensuivit que l'aile droite qui bordait la Kolotcha, formait une très bonne position, qu'au centre il fallait déjà s'éloigner de la rivière, et qu'à l'aile droite on fut contraint de se replier en potence. Ainsi le dispositif des Russes prit une forme convexe, celui des Français une forme concave enveloppante qui permettait à tous leurs feux d'agir concentriquement, ce qui était très important, vu la quantité d'artillerie qu'ils avaient et le peu d'étendue du champ de bataille. Le terrain qu'occupa l'aile gauche ne présentait pas d'avantages bien marqués. Quelques collines à pentes douces, d'une hauteur de 20 pieds environ, quelques ravins et des bouquets de taillis constituaient un ensemble tellement confus, qu'il était impossible de savoir lequel des deux partis en tirerait le plus d'avantages.

De plus, le côté brillant de la position, la droite, ne pouvait servir à rien du tout. Tout attirait trop les Français vers notre gauche pour que notre droite put détourner sur elle une partie de leurs forces. C'était donc un éparpillement inutile de nos troupes que d'occuper ce point. Il eût fallu appuyer notre droite à la Kolotcha, à Gorki, par exemple, et se borner à faire surveiller le reste du terrain jusqu'à la Moskowa. Tout au plus eut-on pu simuler une occupation réelle *(Clausewitz)*.

CHAPITRE III.

Moscou

L'Empereur prescrivit à Murat de poursuivre les Russes, par la route de Mojaïsk, avec deux divisions de cuirassiers et une division d'infanterie ; derrière venait Davout. Poniatowski prit la route de Vereïa, le prince Eugène marcha sur Rouza.

Le 8 septembre, Miloradowitch s'établit près de Mojaïsk où Murat ne voulut pas l'attaquer en raison de l'heure tardive. Le lendemain, les Français recueillirent dans ce pays 3.000 blessés, 6.000 fusils et 120 canons ; ce même jour, le prince Eugène entrait à Rouza. Le 10, un combat sans issue eut lieu à Koubinskoïé ; les Russes continuèrent par Krimiskoïé, Momonowo et Worobiewo où Murat arriva le 13 au soir.

Le seul plan raisonnable pour Kutusow était d'entraîner l'armée française le plus possible dans l'intérieur de la Russie et de la mettre aux prises avec la température. Son avis fut quelque peu discuté dans le conseil tenu à Worobiewo, le 13 septembre ; quelques généraux voulaient défendre Moscou. Kutusow eût gain de cause et la retraite fut décidée. Il constitua de puissantes arrière-gardes.

Le 2-14 septembre, jour de deuil éternel pour les cœurs vraiment russes, l'armée leva le camp de Fili, à 3 heures du matin, et pénétra par la barrière de Dorogomilow dans la ville qu'elle avait à traverser dans sa plus grande longueur pour sortir de la barrière de Kolomna... Moscou présentait l'aspect le plus lugubre..... la marche de l'armée russe avait plutôt l'air d'une pompe funèbre que d'une marche militaire..... des officiers et des soldats pleuraient de rage et de désespoir, raconte M. de Butturlin.

Au cours de leur retraite, les Russes anéantirent tout sur leur passage.

« Là où plusieurs routes se trouvaient à portée, on marchait en plusieurs colonnes ; là où les chemins latéraux devenaient difficiles, on restait sur la grande route qui était très large puisqu'on n'avait pas besoin de se diviser pour s'approvisionner. On partait à une heure convenable, s'installait aussi bien que possible et les hommes ne manquaient pas d'une abondante nourriture. Ils étaient, il est vrai, forcés de se passer le plus souvent de pain et de se contenter de biscuit ; mais ce biscuit était aussi nourrissant que le pain ; ajoutez à cet ordinaire du gruau, de la viande, et de l'eau-de-vie en abondance. Les chevaux étaient le plus souvent privés d'avoine, mais les chevaux russes sont habitués surtout à manger du foin et l'auteur s'est rendu compte, pour la première fois dans ces circonstances, que cette denrée est plus nourrissante que nous le croyons généralement. On trouvait partout du foin de bonne qualité. Les Russes donnaient de 15 à 20 livres de foin comme ration journalière et dédaignaient les avoines mûres qui couvraient les champs parce qu'ils les croyaient moins saines.

L'arrière-garde russe avait pris l'habitude de mettre le feu aux villages qu'elle quittait. En général, les habitants les avaient déjà abandonnés, ce qu'on y trouvait comme vivres ou comme fourrage était vite consommé, rien ne restait donc que les maisons en bois, qui, dans ce pays, n'ont pas grande valeur. On ne prenait donc pas grand soin pour les préserver de l'incendie ou de la démolition, et c'était déjà suffisant pour amener la destruction du plus grand nombre. Ce qui au début provenait de l'incurie et était fait sans idée préconçue, devint peu à peu un principe qui fut mis en pratique même pour des villes, petites ou grandes.

On détruisit également les ponts et l'on enleva à coups de hache les numéros de poteaux de verstes, ce qui ôtait à l'ennemi un excellent moyen de s'orienter. Il a dû souvent être difficile, pour les Français de savoir en quels points de la route ils se trouvaient, car ils rencontraient très rarement des habitants (*Clausewitz*).

L'Empereur comprit vite qu'il avait besoin de toutes ses forces pour se maintenir à Moscou. Le 11 septembre, il écrivit à Berthier de réunir toutes ses troupes à Smolensk; il ajoutait : Si j'avais oublié quelque chose, et laissé en arrière quelques détachements ou bataillons, remettez-m'en la note sous les yeux. » Il n'avait pas échappé au souverain qu'il ne lui restait plus que 95.000 hommes et qu'il se trouvait au *terminus* d'une ligne de communication longue de 860 kilomètres. D'après ses renseignements, il savait que 64.000 hommes le menaçaient sur la ligne Ostrog-Loutsk, et plus de 20,000 sur la route de Polotsk. C'était une des plus grandes fautes à commettre que de laisser une ligne de communication sans armée principale et sans protection sur les flancs.

Cette négligence devait avoir une triste répercussion sur la suite de cette campagne, et ses conséquences échappèrent cependant à Napoléon qui écrivait à Maret, le 10 septembre : « Désormais l'ennemi, frappé au cœur, ne s'occupe plus que du cœur et ne songe plus aux extrémités. »

Le 14 septembre, à deux heures de l'après-midi, Murat entrait dans Moscou avec quelques pelotons de cavalerie qui se heurtèrent aux cosaques d'arrière-garde.

Un combat aurait pu amener la ruine entière de l'arrière-garde russe et la perte d'une partie du matériel de notre armée. Aussi, pour prévenir ce malheur, le général russe se décida-t-il à envoyer un parlementaire au roi de Naples.... Le résultat fut une convention verbale, par laquelle le roi de Naples s'engagea à ne pas inquiéter la sortie des Russes. Cet accord, dont tout l'honneur est au général Miloradowitch, permit d'achever l'évacuation (de Butturlin).

L'Empereur s'établit quelques instants après sur les hauteurs du Mont du Salut où il attendit l'arrivée de ses troupes. La garde pénétra en ville ; les troupes d'Eugène s'arrêtèrent à la barrière de Presnenski ; Poniatowski au sud de Moscou, Davout et Ney à l'ouest, Junot occupa Mojaïsk, Murat à Karotcharovo et le quartier général s'installa dans une maison de Dorogomilov.

Le lendemain 15 septembre, à 6 heures, l'Empereur s'établissait au Kremlin : Nous allons voir, dit-il, ce que les Russes vont faire ; s'ils se refusent encore à traiter, il faudra bien en prendre notre parti. Nos quartiers sont maintenant assurés. Nous donnerons au monde le spectacle singulier d'une armée *hivernant paisiblement au milieu des peuples ennemis qui la pressent de toutes parts.* L'armée française dans Moscou sera le *vaisseau pris par les glaces...* Mais au re-

tour de la belle saison nous recommencerons la
guerre... Au surplus, Alexandre ne me laissera pas
aller jusque là ; nous nous entendrons et il signera la
paix. — (*Mémorial, Tome V. p. 397.*)

Mais il avait compté sans la destruction de la ville.
L'Empereur était à peine installé au Kremlin qu'un
immense incendie éclata. « Le vent s'étant mis à
souffler avec violence, l'embrasement devient général.
Une grande partie de la ville est en bois ; elle renferme
de nombreux magasins d'eau-de-vie, d'huiles et de
matières combustibles. Toutes les pompes ont disparu et nos travailleurs ne font plus que des efforts
impuissants.

« De noirs tourbillons de fumée se sont élevés sous
le vent : partis des quartiers orientaux, ils se sont
étendus sur la ville jetant partout l'affreuse odeur de
soufre et de bitume. La flamme les suit avec rapidité,
s'avance, de maison en maison, s'accroît de tout ce
qu'elle dévore, et coule dans un lit de feu d'une extrémité de la ville à l'autre. Tandis que ces premiers
sillons de l'incendie poursuivent leur cours épouvantable, d'autres brasiers se sont allumés ; de nouveaux
torrents en découlent, et poussés par le vent s'allon-
gent dans les intervalles que les laves précédentes
n'ont pu atteindre. On dirait que la terre s'est en-
tr'ouverte pour fournir tous les feux qui éclatent ! L'incendie se répand avec fureur ; il ne connaît plus ni direction, ni limites ; il mugit, il bouillonne comme les
flots de la tempête, et la malheureuse ville achève
de s'engloutir dans un océan de flammes !

« A la place de tant de maisons et de palais, il ne
reste debout que des masses de briques qui marquent

la place des foyers domestiques. Ces milliers de py-
ramides tronquées et noircies, nous apparaissent
comme le squelette brûlé de Moscou.

« Des fenêtres du Kremlin, Napoléon a sous les yeux
cette grande catastrophe....

« On est enfin parvenu à prendre sur le fait quelques-
uns des incendiaires. On les a saisis au moment même
où ils attachaient la fatale fusée, et ce n'est qu'avec
peine qu'on les a soustraits à l'indignation du soldat.
Ils sont neuf cents que la police du gouverneur Ros-
topchin avait apostés dans les caves pour mettre le feu
à tous les quartiers. Ils l'avouent; procès-verbal est
tenu de leur déclaration, et l'exécution militaire s'en-
suit; après quoi, leur cadavre est jeté dans l'affreux
brasier qu'ils ont allumé.

« Cependant l'horizon s'est surchargé de vapeurs
brûlantes, les vitres du Kremlin éclatent; on ne res-
pire que des cendres; il devient impossible d'assister
plus longtemps aux dernières convulsions de l'embrasement. L'Empereur se décide à se retirer dans quelque campagne voisine... (1) »

Il choisit le château de Petrowskoïe.

Pendant ce temps Phüll avait préparé un nouveau
plan de campagne pour l'armée russe : agir sur les
flancs de l'armée française pour rendre sa retraite,
qui s'imposait incontestablement, plus désastreuse.
L'Empereur Alexandre approuva ce projet et les dispositions suivantes furent ordonnées. Le corps Steinghel, fort de 20.000 hommes, fut transporté par mer
de Finlande à Riga pour renforcer l'armée de Wittgenstein, ainsi portée à l'effectif de 60.000 hommes.

(1) Baron Fain, manuscrit de 1812 p. 75.

Entre temps Tchitchagow, qui opérait contre les Turcs, ramenait 34.000 hommes de Bucharest et devait les joindre aux 30.000 de Tormasow à Ostrog-Loutsk. Cette jonction faite, ces deux derniers corps tendraient d'un coté la main à Wittgenstein, alors en marche sur Witebsk et Smolensk, tandis que de l'autre ils observeraient Schwartzenberg et Reynier.

Tandis que Murat était encore chargé de rechercher la trace des Russes, l'Empereur étendit ses cantonnements autour de Moscou. Davout fut porté au sud, Eugène au nord avec Dimitrov et Ney à Bogorodsk. Mais l'Empereur est convaincu qu'il lui faudra évacuer Moscou.

Avant d'examiner dans quelles circonstances eût lieu cet abandon, il nous faut dire un mot des événements dont les derrières de l'armée furent le théâtre. Macdonald était resté à Dünabourg, le corps prussien en observation devant Riga ; les Russes vinrent l'attaquer le 22 septembre et furent refoulés. Steinghel vint rejoindre Wittgenstein ; tous les deux attaquèrent Oudinot devant Polotsk. Saint-Cyr avait pris le commandement en remplacement d'Oudinot blessé ; il battit Wittgenstein le 22 et le refoula sur la Drissa.

Saint-Cyr s'établit à Polotsk avec son avant-garde à Gamselievo, celle des Russes à Bielaïa. Plus au sud, Tchitchagow et Tormasow marchent contre Schwartzenberg ; celui-ci ne pouvant faire face à ses adversaires recula d'abord sur le Bug, qu'il franchit à Vlodava, le repasse le 4 octobre et s'établit à Brest-Litouski, derrière le Moukhaviets. Entre Saint-Cyr et Schwartzenberg, Victor occupe Smolensk avec 37.000 hommes.

En résumé le théâtre des opérations est un triangle dont les sommets sont Riga, Moscou et Brest—Litouski ayant des côtés considérables : Riga—Moscou 825 kilomètres ; Brest—Moscou 975 et Riga—Brest 560 kilomètres. Cette vaste étendue est occupée par 95.000 français à Moscou ; 5.000 à Mojaïsk, 35.000 à Smolensk ; 25.000 vers Dunabourg et Riga, 17.000 à Polotsk ; 34.000 à Brest—Litouski.

L'Empereur fut d'abord hésitant sur ce qu'il ferait. Il se trouvait à 15 marches seulement de Saint-Pétersbourg. Il pensa un moment tenter une démonstration sur cette ville avec Murat, les autres corps en soutien, notre arrière-garde à Moscou. On manœuvrerait dans les plaines entre ces deux points de façon que la gauche effectue un mouvement de retraite sur la basse Dvina, à l'aide des routes qui traversent les provinces de Velikï—Louki et de la grande Novogorode. De là, on descendrait contre Wittgenstein le prenant à dos. Si l'opération réussissait, le 15 octobre au plus tard, toute l'armée française aurait été réunie et maîtresse de la ligne de la Dvina.

L'armée russe s'était repliée vers le sud-est.

« La marche de l'armée russe se fit pendant le temps où l'incendie de Moscou était au plus haut degré de violence. La vue des flammes qui consumaient la ville sacrée dut pénétrer les officiers et les soldats russes d'un sentiment profond de douleur et de vengeance. Le maréchal Kutusow avait eu soin de répandre dans l'armée et dans tout l'empire que c'étaient les Français qui brûlaient Moscou ; et ce ne fut que pour alimenter la haine nationale qu'il fit faire à son armée cette promenade assez inutile militairement puisqu'il n'avait pas besoin, pour se retirer de Mojaïsk sur la route de Kalouga, de passer par Moscou. (*Général Guillaume de Vaudoncourt*).

Un autre témoin oculaire, sir Robert Wilson, écrit à ce même propos :

« Pendant douze jours, l'armée russe tourna autour des ruines fumantes de Moscou pour regagner la route de Kalouga ; elle était sans ligne de marche réglée et encombrée de tous les embarras possibles. Depuis Smolensk, la population suivait les pas rétrogrades de cette armée ; chaque paysan avait mis sur son chariot sa femme, ses enfants et ses effets les plus précieux. L'armée russe, se trouvant ainsi surchargée, était devenue comme une nation errante. Cette longue file présentait le flanc à l'armée française, et lui offrait une victoire infaillible... L'armée russe fut protégée par des transactions que tout le monde ignore. »

Les 15, 16 et 17 septembre, les Russes continuèrent leur retraite vers le sud-est ; ils traversèrent la Moskowa sur le pont de Borowskoïe. Dans la nuit du 21 au 22 septembre, on perdit les traces des Russes et on ignora exactement leur direction jusqu'au matin du 26 septembre, où on les retrouva solidement établis à Krasnopachra, les cosaques de Dorokow sur la route de Mojaïsk.

Quel était le but de l'adversaire ? Napoléon l'a expliqué à ses généraux dans un conseil : Une marche sur Mojaïsk, leur dit-il, le 27 septembre, ne serait de la part de Kutusow qu'une fanfaronnade. Vouloir nous enfermer dans Moscou ! Une armée victorieuse n'oserait le tenter. Comment croire qu'une armée vaincue, qui a abandonné sa plus belle ville puisse après coup avoir l'idée d'une pareille entreprise ? Le mouvement de l'ennemi n'a qu'un but ; c'est de couvrir la route par laquelle il attend des renforts. »

Murat reçoit l'ordre de déloger les Russes des bords de la Pachra et de les rejeter derrière l'Ocka. Kutusow n'attendit pas un engagement complet. Dès les premiers contacts des avant-postes, il se replia. Le 26, au soir, il est à Baben—Kowo, le lendemain à Voronovo. Il s'aperçoit « de la mollesse de nos attaques », alors il se montre plus tenace les jours suivants et se décide à s'arrêter sur la Nara, aux environs de Taroutino, y élève des travaux, et s'établit à Vinkovo.

Cette attitude ne manqua pas d'inquiéter l'Empereur qui escomptait toujours les chances d'amener la Russie à traiter de la paix. Ne voyant venir aucune proposition de ce côté, il se résigna à les provoquer.

Le 5 octobre, Lauriston se rendit aux avant-postes russes et remit un projet de paix à Kutusow. Ce projet fut transmis à l'Empereur Alexandre ; il n'y répondit pas. Devant ce silence, Napoléon qui était à quinze marches seulement de Saint-Pétersbourg se résigna à diriger ses coups contre la capitale, croyant amener la Russie à composition. Il étudia la situation et la traduisit, avec ses conséquences, dans les notes suivantes :

1º L'ennemi se dirigeant sur la route de Kiew, son but est évident : c'est qu'il attend des renforts de l'armée de Moldavie. Marcher à lui, c'est agir dans le sens de ses secours, et se trouver sans points d'appui pendant les cantonnements de l'hiver, ayant notre droite et notre gauche en l'air, tandis que l'ennemi se trouverait avoir ses flancs et ses derrières assurés. Moscou, se trouvant abandonné de ses habitants et brûlé, n'entre plus pour nous dans aucune considération : cette ville ne peut contenir nos blessés et nos malades, les ressources qui s'y trouvent une fois épuisées, elle ne peut en fournir d'autres ; enfin, elle n'offre aucun moyen d'organiser le pays.

2° Toute opération sur Kalouga n'est raisonnable que dans le cas où elle aurait pour but, arrivé dans cette ville, de se déployer sur Smolensk.

3° Si l'armée se reploie sur Smolensk, est-il sage d'aller chercher l'ennemi et de s'exposer à perdre, dans une marche qui aurait l'air d'une retraite, quelques milliers d'hommes devant une armée connaissant bien son pays, ayant beaucoup d'agents secrets et une nombreuse cavalerie légère ? Quoique l'armée française soit victorieuse, le mouvement qu'elle ferait se trouverait tel, qu'elle aurait l'infériorité, puisqu'une troupe d'arrière-garde perd chaque jour des hommes, tandis qu'une avant-garde en acquiert, et qu'enfin l'arrière-garde est destinée à abandonner chaque jour le champ de bataille, perd ses blessés, ses traineurs et ses maraudeurs.

4° A ces considérations, il faut ajouter celle qui est probable que l'ennemi, ayant fortifié quelque bonne position et ayant déjà reçu la tête de ses renforts, peut nous disputer le terrain et donner 3 à 4.000 blessés, cela aurait bien l'air d'une défaite. Un mouvement rétrograde de cent lieues, avec des blessés et des événements que l'ennemi peindrait à son gré, lui donnerait l'avantage dans l'opinion quoique battu.

5° Voulant se replier pour passer ses quartiers d'hiver sur la Pologne, vaut-il mieux se replier directement par la route sur laquelle nous sommes venus ? On n'aurait pas l'ennemi sur soi ; on connaît bien la route et elle est plus courte de cinq marches ; nous pouvons aller aussi vite que nous voudrons ; nous pouvons même recevoir à mi chemin nos convois venant de Smolensk. L'armée porterait d'ailleurs facilement quinze jours de farine, et on arriverait à Smolensk sans être obligé de marauder. On pourrait même s'arrêter à Wiasma le temps que l'on voudrait ; on y trouverait des subsistances et des fourrages, en s'étendant de droite et de gauche.

Nous sommes vainqueurs, nous sommes organisés, et, si nous avions des affaires et des blessés, on serait dans la position où

nous étions en venant, à l'égard des blessés qu'a eus l'avant-
garde. A la vérité, on peut prévoir de l'embarras pour les fourrages ; mais on s'en procurerait à deux ou trois lieues ; ce ne
serait donc pas là une difficulté de premier ordre.

1º Il n'y a aucune espèce de doute que, si Smolensk et Vitebsk
étaient des pays comme Koenigsberg et Elbing, le projet le plus
sage serait celui dont il vient d'être parlé ci-dessus, se rendant
dans un beau pays pour y passer ses quartiers d'hiver et y re-
faire l'armée.

2º Dans la situation ci-dessus, on ne pourrait cependant pas
se dissimuler que la guerre traînerait en longueur ; mais elle
tournerait bien plus en longueur vers les mauvais pays tels que
Smolensk et Vitebsk, qui offrent si peu de ressources et où on
serait si médiocrement établi pour passer huit mois de quartiers
d'hiver.

De ce qu'il conviendrait de faire.

1º Quel but a-t-on à remplir ? 1º placer l'Empereur le plus près
possible de France, et donner à l'Empire la confiance que l'Empereur est au milieu d'un peuple ami pendant ses cantonnements d'hiver; 2º cantonner l'armée dans un pays ami, la rapprocher de ses ressources d'habillement et d'équipement ; 3º se
mettre dans une position qui appuie les négociations de paix
que l'Empereur fait faire en menaçant Saint-Pétersbourg; 4º
soutenir l'honneur des armes à la hauteur où l'a élevé cette glorieuse campagne.

2º Sans contredit, une manœuvre qui réunirait les quatre
conditions ci-dessus serait parfaite.

Cette manœuvre serait la suivante :

Le duc de Bellune, avec son corps renforcé de quatre bataillons saxons, de deux bataillons westphaliens, de deux ou trois
bataillons d'Illyrie, de deux bataillons du 129e régiment d'infanterie, ce qui doit approcher ce corps d'armée d'une force de
40.000 hommes, partirait de Smolensk le premier jour de l'opération, pour se porter sur Velij et Velikï Louki, où il pourrait

arriver le huitième ou le neuvième jour; de Velikï-Louki, le duc de Bellune prendrait sa ligne d'opérations sur Polotsk et Vitebsk. Le maréchal Saint-Cyr, partant de sa position de Polotsk, le rejoindrait en six jours de marche.

Le maréchal duc de Tarente lui enverrait, des environs de Dünabourg, une brigade d'infanterie pour le rejoindre. Le maréchal duc de Bellune, comme le plus ancien, commanderait toutes ces troupes réunies à Velikï-Louki, où, le dixième jour à partir du premier où l'expédition serait mise en mouvement, se trouverait réunie une armée de 70.000 hommes. De Velikï-Louki, l'armée du duc de Bellune tirerait ses vivres de Polotsk et de Vitebsk.

Le jour où le maréchal duc de Bellune commencerait son mouvement, l'Empereur avec l'armée partirait de Moscou pour marcher sur Velij, passant par Voskrecenck, Volokolamsk, Zoubstow, Bielii, pour arriver à Velij, la tête de l'armée le dixième jour de marche, et la queue du treizième ou quatorzième. De Velij l'armée tirerait ses vivres également de Vitebsk et de Polotsk. Ainsi pendant que le duc de Bellune menacerait Saint-Pétersbourg de sa position de Velikï Louki, l'armée se trouverait derrière lui sur la Dvina; le 3e corps d'armée et le corps du duc d'Abrantès, formant au moins 15.000 hommes, se porteraient de Moscou et de Mojaïsk sur Smolensk par Wiasma.

Tous les régiments de marche d'infanterie et de cavalerie qui sont en marche pour rejoindre l'armée se dirigeraient sur Vitebsk et Velij, pour se rencontrer avec l'armée et s'y incorporer à son arrivée. L'Empereur, avec sa garde à cheval, sa jeune et vieille garde à pied, marcherait en tête, de sorte à pouvoir se porter sur le duc de Bellune, si, contre toute attente, ce secours lui était nécessaire. Enfin, le douzième jour de l'opération, c'est-à-dire du mouvement de l'armée, la position se trouverait ainsi qu'il suit :

Le maréchal duc de Bellune, avec le maréchal Saint-Cyr et une brigade du duc de Tarente, formant un corps de 60 à 70.000 hommes, serait à Velikï-Louki, ayant une avant-garde à plusieurs marches de lui, sur la route de Saint-Pétersbourg.

L'Empereur, avec la garde et le corps du vice-roi, formant 40.000 hommes, serait à Velij.

Le roi de Naples avec ses troupes et le corps du prince d'Eckmühl, formerait une espèce d'arrière-garde ou corps d'observation à trois journées en arrière, sur la direction de Bielii.

L'armée ennemie ne pourrait entrer à Moscou que le sixième jour de l'opération, et déjà le général Wittgenstein serait en retraite, le duc de Bellune aurait passé la Dvina et menacerait Saint-Pétersbourg.

L'armée ennemie, arrivée à Moscou six jours après notre départ, suivrait notre mouvement pour nous livrer bataille à Velij, et alors le roi de Naples, le prince d'Eckmühl, le maréchal duc d'Elchingen nous auraient joints, tandis que les secours que l'ennemi attend de Moldavie ne l'auraient pas joints et se perdraient sur les grands chemins. Il arriverait donc sur nous avec des forces très inférieures qui diminueraient tous les jours, tandis que les nôtres augmenteraient.

Le duc de Bellune, cinq jours après son arrivée à Velikï-Louki, renforcé du corps qui marchait avec l'Empereur, pourrait, s'il était nécessaire, se porter sur Novogorod.

Saint-Pétersbourg ainsi menacé, on doit croire que l'ennemi fera la paix, et, si les circonstances des mouvements de l'ennemi ne portaient pas à avancer, on resterait à Velikï-Louki.

———

On ne saurait méconnaître que ce plan en entier était un peu tiré par les cheveux et qu'il ne semblait réaliser qu'en faisant abstraction de tout autre facteur que des distances mesurées sur la carte. On ne peut faire autrement que de se rallier à l'argumentation du début, qui démontre qu'une offensive contre Koutousov était impraticable....

En suivant sa première idée, l'Empereur s'assurait évidemment l'avantage d'être renforcé à Velij et à Velikï-Louki, par Victor et Saint-Cyr, et de faire passer ses communications par Polotsk, Gloubokoïe et Vilna, mais il n'y gagnait pas grand' chose. Si Kutusow marchait sur Smolensk, l'Empereur partant de Velij, ne pouvait prendre l'offensive contre lui et l'en déloger, pour les mêmes raisons qui l'avaient empêché de marcher de Moscou contre Kutusow, quand il était établi à Taroutino. Quand l'Empereur dit enfin que de Velikï-Louki il menacera

Saint-Pétersbourg, il ne s'est sans doute pas pris lui-même au sérieux. On ne menace un point que lorsque l'on est en mesure de réaliser la menace. Or l'expérience venait de lui révéler toute la faiblesse de ses forces à son arrivée à Moscou ; peut-on admettre qu'avec son armée affaiblie il ait voulu pousser une nouvelle pointe sur l'autre capitale qui se trouvait à 375 kilomètres de Velij. Que serait-il resté de son armée à son arrivée à Saint-Pétersbourg ? Puisque la prise effective de Moscou n'avait pas déterminé les Russes à faire la paix, la menace imaginaire dirigée contre Saint-Pétersbourg par une armée s'en trouvant à 375 kilomètres, après en avoir parcouru 375 autres de Moscou à Velij, n'aurait certes pas donné un meilleur résultat. On est donc obligé de dire que tout ce plan n'est que le dernier effort obstiné du général, qui se raidit à la pensée d'être obligé de revenir sans tarder par le plus court chemin, et qui sait bien qu'il n'y a pas d'autre branche de salut (*York de Wartemburg*).

L'Empereur songea un instant à garder 3.000 hommes dans le Kremlin où ils auraient pu se maintenir pendant un mois. Mais il hésita en présence des renseignements qui lui révélèrent la marche de l'ennemi. Pendant ce temps, les Russes gagnaient du terrain et recevaient des renforts. Il fallait prendre une décision, et une décision irrévocable : Napoléon décida à redescendre sur Smolensk. Les trophées conquis sur les Russes quittèrent Moscou le 15 ; ce même jour et puis le 16 et le 17 les hôpitaux se dirigèrent sur Smolensk.

« Déjà depuis plusieurs jours, écrit-il à son ministre des relations extérieures à Vilna, je vous ai prévenu que je comptais aller prendre mes quartiers d'hiver entre le Borysthène et la Dvina. Le moment est venu. L'armée se met en mouvement ; je quitterai Moscou le 19, je sortirai par la route de Kalouga. Si l'ennemi veut couvrir cette ville, je le battrai ; ensuite, selon l'exigence de la saison, je ferai un coup de main sur Toula, ou je reviendrai directement par Wiasma. Dans tous les cas, vers les premières semaines de novembre, j'aurai ramené mes troupes dans le carré qui est entre Smolensk, Mohilew, Minsk et Vitebsk. Je me décide à ce mouvement, parce que Moscou n'est plus une position militaire. J'en vais chercher une autre plus favorable au début de la campagne prochaine. Les opérations auront alors à se diriger sur Pétersbourg ou sur Kiew. »

L'armée devait trouver des vivres sur sa route grâce aux six lignes de dépôts et de magasins établis aux points suivants : 1re ligne, Smolensk (10 jours de Moscou) ; 2e ligne, Minsk et Vilna (8 marches de Smolensk) ; 3e ligne, Kowno, Grodno et Bielostok ; 4e ligne, Elbing, Marienwerder, Thorn, Plosk, Modlin et Varsovie ; 5e ligne, Dantzig, Bromberg et Posen ; 6e ligne, Stettin, Custrin et Glogau.

Les Russes avaient réussi à tenir l'armée française immobile jusqu'aux premières gelées. Kutusow jugea le moment opportun de briser l'inactivité de son armée et de la lancer contre les Français. Il connaissait la mauvaise situation de Murat à Vinkovo. Il résolut de l'attaquer sans plus tarder, et le 17 au soir, rompant l'armistice, le 18 il reprit l'offensive.

On sait que ce jour-là Bessières était à Troitskoïé, à 12 kilomètres de Murat, Ces généraux n'ignoraient pas la présence des forces russes sur la Nara, dans le voisinage de Taroutino. Au lieu de se tenir rapproché vers Kalouga, Murat était établi dans une vaste plaine, sa droite couverte par le ravin de Ger-

niczina, sa gauche appuyée à un bois inoccupé et sans
surveillance. Les Russes, le 18 au matin, attaquèrent
la droite de Murat, tandis que des masses s'enga-
geaient dans le bois et surgissaient sur la gauche. Les
cavaliers de Murat faisaient leur fourrage ; l'infanterie
de Poniatowski ne perdit pas contenance ; elle réussit
sur la droite et sur le centre à maintenir les assaillants ; il n'en fut malheureusement pas de même à
la gauche. Cette affaire coûtait à Murat 300 tués,
1.000 blessés, 12 canons, 20 caissons et 10 voitures
à bagages ; il dut se replier sur Voronovo.

L'Empereur apprit cette nouvelle au moment où
il passait en revue le corps de Ney. Elle influa fortement sur l'évacuation de Moscou qui fut fixée au
lendemain à la première heure.

Tous les historiens n'approuvent pas la décision de
l'Empereur ; elle s'imposait cependant.

Nous n'avons jamais compris comment on a pu soutenir si
obstinément que Bonaparte était libre de choisir, pour sa retraite, une autre route que celle par laquelle il était venu. Comment eût-il pu vivre autrement que sur ses magasins ? Quel
secours une contrée, même avec ses ressources intactes, pou-
vait-elle présenter à une armée qui n'avait pas de temps à
perdre et était forcée de bivouaquer en grosses masses? Quel
intendant aurait-on pu envoyer en avant pour réunir les vivres ?
Quelles autorités russes lui eussent obéi? L'armée serait morte
de faim dans les huit jours.

Celui qui retraite en pays ennemi a besoin d'une route préparée, celui qui exécute une telle retraite dans de très mauvaises
conditions en a doublement besoin, et celui qui veut sortir de
Russie après y avoir pénétré de 120 milles en a triplement besoin.

Par route préparée, nous entendons une route qu'on a fait
occuper par des détachements et sur laquelle on a des magasins.

La marche de Bonaparte sur Kalouga était le début naturel de sa retraite. L'idée de prendre une autre route n'a pas de lien avec ce mouvement pour aller à Smolensk, Kutusow avait, de Taroutino, trois marches de moins que Bonaparte de Moscou. Bonaparte était donc contraint d'attaquer Kutusow avant de commencer sa véritable retraite afin de regagner cette avance. Il lui aurait été naturellement plus agréable encore de ramener Kutusow jusque sur Kalouga. C'est ce qu'il espérait obtenir en passant brusquement de l'ancienne route sur la nouvelle, en menaçant ainsi le flanc gauche de Kutusow, mais comme ce mouvement ne parut pas réussir plus que sa tentative pour brusquer les Russes à Malo-Jaroslawetz, il préféra laisser les choses telles quelles, estimant qu'il n'était plus temps de perdre encore 20,000 hommes des faibles forces qui lui restaient, dans une bataille indécise pour finir ensuite par la retraite.

En outre, il était très important pour Bonaparte, tel que nous le connaissons, de commencer sa retraite par un semblant d'offensive dirigée vers le sud. Bonaparte allait bien se trouver contraint, après avoir heurté Kutusow, de suivre pendant un certain temps une nouvelle route avant de reprendre l'ancienne. Mais cela n'offrait pas les mêmes difficultés qu'un changement complet de route, parce que cette fraction de nouvelle route se trouvait placée latéralement entre son gros et ses détachements sur la route de Smolensk (*Clausewitz*).

QUATRIÈME PARTIE.

La Bérézina.

CHAPITRE Iᵉʳ

DE MOSCOU A LA BÉRÉZINA.

Le 18 octobre, Napoléon arrêta ses dispositions pour la retraite des troupes. Davout devait, le soir même, porter son quartier général au delà de la porte de Kalouga, y placer ses troupes de façon à lever le camp le 19 à la première heure, laissant une garde au couvent que relèverait Mortier ; Ney et ses troupes à la porte de Kalouga, Murat une lieue en avant ; le petit quartier général, Lefebvre et le quartier général de l'Empereur sortiraient également par la porte de Kalouga, la garde s'établirait au bivouac sur ce point.

Une arrière-garde d'infanterie et de cavalerie occuperait le couvent retranché et la porte de Kolomna jusqu'à avis contraire. Murat laisserait une même arrière-

garde à la porte de Saint-Pétersbourg et à la maison
retranchée ; Mortier devait en faire la relève.

Ce dernier reçut des ordres spéciaux pour l'occupation de Moscou. Il devait caserner au Kremlin avec
la division Delaborde, la brigade Carrière, deux compagnies de sapeurs, une compagnie d'artillerie, l'artillerie de la division Delaborde et une brigade de
5oo hommes à cheval ; des officiers supérieurs de
chaque arme furent détachés à son état-major.

Le Kremlin serait mis en état de défense et consti-
tuerait un réduit pour la résistance contre une attaque
possible des Russes.

Le 19 au matin, il devait faire démentir, par voie
d'affiches, la retraite de l'armée française, annoncer
sa marche sur Kalouga, Toula et Briansk et engager
les habitants à maintenir la police. Tout soldat russe
trouvé dans les rues devait être fusillé sans merci.

L'Empereur avait le choix de deux routes : celle de
Smolensk ou celle de Kalouga. Il renonça à la première comme n'offrant plus les ressources nécessaires.
La seconde traversait un pays relativement riche, mais
il fallait la disputer à Kutusow. Napoléon préféra ce
dernier parti. Le 19 octobre, l'armée se mit en marche
dans l'ordre suivant : Eugène, Ney, la garde et Davout.
Eugène vint à Valoutinki, l'Empereur à Troïtskoïe.
Le 20, on traversa la Pachra, puis les corps se sépa-
rèrent : Eugène appuya à l'ouest, sur la route de Borovsk, Ney marcha sur la Motcha où il se relia avec
Murat, alors à Voronovo ; le corps de Poniatowski
rallia Eugène.

L'Empereur est toujours à Troïtskoïe. Ce jour-là,
il ordonna à Mortier d'évacuer Moscou le 22 ou le 23,

après avoir incendié les magasins, le palais du Kremlin, brisé les fusils et les canons et tout le matériel susceptible d'allonger la colonne ; il devait détruire aussi tout ce qui était au palais Galitzine et rejoindre à Mojaïsk, le 25 ou le 26.

Mortier abandonna Moscou le 23, à deux heures du matin, après avoir exécuté les ordres de l'Empereur. Une heure avant, le chef de bataillon d'artillerie de marine Ottone avait allumé cent quatre vingts milliers de poudre dont l'explosion anéantit le Kremlin, l'arsenal, tout le matériel et les armes.

Ici se pose une grave question. On a attribué au froid excessif la cause des maux qui marquèrent cette retraite. Les acteurs de ce drame militaire démentent ce fait. L'historique du 3e uhlans dit « que l'armée française a été extrêmement favorisée par le temps en ce sens que les premières gelées commencèrent le 27 octobre; le ciel resta néanmoins clair et beau. Le 1er novembre, le thermomètre descendit pourtant à 8° au-dessous de zéro, et le 4, on vit tomber la première neige ». Eugène écrivant à sa femme, le 23 octobre, dit : « Nous n'avons pas tant de mauvais temps qu'il était permis de le croire dans cette saison ». Gourgaud : Jusqu'au 6 novembre, c'est-à-dire pendant 16 ou 17 jours, le temps a été beau, et le froid beaucoup moindre qu'il ne l'avait été dans quelques mois des campagnes de Prusse et de Pologne, et de même en Espagne ». L'Empereur lui-même constate dans le 29e bulletin, que : « Jusqu'au 6 novembre, le temps a été parfait. »

Revenons à la marche des troupes. Le 21 octobre, la garde et Davout marchent derrière Eugène qui pousse de Nari-Faminskia sur Borovsk, Ney et Murat sur la Motcha ; la division Morand forme l'arrière-garde à Desna.

De Krasnoïe, l'Empereur arrête son nouveau plan de marche en faisant faire un à droite à l'armée en prenant Borovsk pour objectif, d'où il espère, en trompant Kutusow sur son véritable but, gagner sa ligne de retraite. Ney est chargé du commandement de l'arrière-garde, et reçoit la division Claparède, ses deux brigades de cavalerie légère et celle du général Girardin.

Le 22, Poniatowski occupe Vereïa, Eugène s'établit au sud de la Nara avec des postes en avant ; Delzons atteint Borovsk ; la garde, Davout et l'Empereur à Faminskia, sur lequel marchent également Murat et Morand.

Qu'était devenu Kutusow ? Il n'avait pas quitté la position de Taroutino, surveillant particulièrement son front et son flanc droit. Le 21, les cosaques signalèrent la présence des Français à Faminskia ; le lendemain, une autre reconnaissance, poussée dans la direction d'Aristowo, révéla les mouvements de troupes entre Faminskia et Borovsk. Kutusow embrassa d'un rapide coup d'œil le résultat de la manœuvre et, pour ne pas tomber dans le piège qui menaçait sa gauche, il prescrivit à Doctorow de marcher de nuit sur Malo-Jaroslavetz où lui-même le suivait.

Les Russes arrivèrent à temps pour couper les ponts de la Louja que Delzons avait mission d'occuper coûte que coûte. Quand celui-ci se présenta, l'avant-garde de Doctorow avait accompli la besogne. Delzons employa deux bataillons à la reconstruction du pont pendant la nuit ; le matin il occupa le village, franchit la Prowta et lança contre Malo-Jaroslavetz quatre régiments qui eurent facilement raison des Français. La division Doctorow entra entière en action et réussit à reprendre le village. Les renforts russes eurent ont encore raison des nôtres ; Delzons trouva la mort dans cette lutte. Eugène arriva avec la division Broussier et reprit le villages aux Russes. Une troisième fois Malo-Jaroslavetz retombe aux mains de l'ennemi qui vient d'être renforcé du corps de Rajeffski, suivi de Kutusow avec le reste de son armée. L'arrivée de la division Pino et de la garde italienne décida de l'action en faveur des Français.

Dans la soirée, Kutusow essaya une reprise du village : L'Empereur présent sur le champ de bataille, fait traverser la Louja aux divisions Gérard et Compans, et les établit à droite et à gauche. Les Russes renoncèrent à poursuivre leur tentative, et la nuit mit fin à cette lutte qui coûtait 4000 hommes aux Français et 6.000 aux Russes.

L'Empereur et la garde s'établirent à Gorodnia. Des patrouilles de cavalerie annoncèrent, le 25 au matin, que les Russes étaient restés sur leurs positions de la veille et que leur cavalerie marchait dans la direction de Medyn. Un conseil fut tenu entre l'Empereur, Murat, Bessières et Lobau. Lobau conseillait la retraite par Mojaïsk ; Murat et Bessières par Smolensk. L'Empereur, après avoir reconnu la position et aussi après de longues hésitations, remit au lendemain sa décision. Pendant ce temps Kutusow s'était retiré sur Kalouga, laissant une arrière-garde aux environs de Malo-Jaroslavetz. Quand Napoléon connut cette nouvelle, il décida de se replier sur Borovsk et de continuer la retraite, par Mojaïsk et Wiasma, sur Smolensk.

Davout, avec deux divisions, fut chargé de suivre et d'observer Kutusow, laissant ses deux autres divisions en soutien l'une à Malo-Jaroslavetz, l'autre à Gorodnia, pouvant être appuyées par les 1er et 3e corps de cavalerie. Eugène, partant à 2 heures du soir, doit s'arrêter aux environs de Borovsk ; Poniatowski occupera Jegorevski ; Ney rétrogradait de Borovsk sur Vereïa ; Mortier vint de Vereïa à Mojaïsk, où les divisions Claparède et Roguet devaient le rejoindre. Junot, à Wiasma, et Victor sur Dorogobouj.

Kutusow vint s'établir à Goutcharevo, et son arrière-garde à Afonassova.

Ce qui surprend dans cette marche de l'armée française c'est l'indifférence de Napoléon à ignorer ce que devient son adversaire et l'abandon de la route de Medin.

Le 28, les Français continuent leur retraite : Junot vient au couvent de Koloskoïe avec Mortier plus en avant ; Ney et Eugène à Borissow ; Davout à Borovsk ; Poniatowski à Ghjatsk et le quartier général de l'Empereur au château d'Ouspenkoïe.

A la suite d'un rapport de Davout à l'Empereur, dont les renseignements furent confirmés par un officier russe prisonnier, où il annonçait la marche de Kutusow sur Smolensk, le souverain fait porter la garde et Junot à Ghjatsk, Ney à Koloskoïe, Eugène à Ouspenkoïe et Davout à Mojaïsk. L'armée est donc sur la route de Smolensk à Moscou.

Kutusow était fixé, dès le 27, sur la retraite des Français, qu'il croyait s'effectuer sur Medin. Il lança son armée sur la ligne Polotnianïe — Savody, son avant-garde à Tchornoloknia (le 27) et à Adamovskoïe (le 28) d'où Kutusow, en personne, la pousse jusqu'à Jegorevski

Le 31 octobre au soir, l'Empereur s'établit à Wiasma, où il trouva des nouvelles — que nous connaissons — de Maret, Victor et Saint-Cyr. Il amena son armée : garde et Junot, aux environs de Wiasma, Ney à Velitchevo, Poniatowski et Eugène à Ghjatsk et Davout à Gudnieva.

Kutusow avait continué sa marche sur Mojaïsk, et le 30 il était à Kremenskoïe, son avant-garde en marche sur Koloskoïe, occupé par les troupes françaises, alors cette dernière, prévenue par des cosaques, se dirigea sur Goubino. Kutusow changea également le front de marche de l'armée en la dirigeant sur Wiasma. Le 31 octobre, il occupe la ligne Spas — Kousovi, son avant-garde à Krasnoïe. Le 1er novembre, il est à Lilenski, son avant-garde à Tatarikino, prenant contact avec Eugène pendant que les cosaques suivent Davout à Ghjatsk.

Le 2 novembre Kutusow est à Doubrovno, son avant-garde à Spaskoïe, ses cosaques aux environs de Fedorovskoïe.

Ce jour-là, le grand quartier général français est à Semlovo, avec la garde et Junot ; Eugène et Poniatowski à Fedorovskoïe, Davout, derrière eux et, en extrême arrière-garde, Ney à Wiasma.

Il importait de protéger les colonnes contre les tentatives des cosaques . Berthier prescrivit la marche en *carrés fermés*, c'est-à-dire les bagages au milieu, marchant serrés sur autant de files que la route le

permet, un demi-bataillon en tête, un demi-bataillon en queue, des bataillons sur les flancs en file, de
manière qu'en faisant front il y ait du feu partout.

On voit par là que l'Empereur seul, avec la garde et Junot, a
une assez grande avance pour n'avoir pas à craindre d'être
coupé par les Russes. Ney, à Wiasma, a toute l'armée principale
des Russes à 30 kilomètres sur son flanc, et le reste de l'armée
française (Eugène, Poniatowski et Davout) qui se trouve encore
à 16 kilomètres en arrière à Fedorovskoïe talonné par le corps
de cosaques et accompagné sur le flanc par l'avant-garde ennemie, ne pourra certainement pas traverser Wiasma si, le 3
novembre au matin, l'armée russe marche sur ce point. Si Kutusow se porte résolument sur Wiasma, il ne peut manquer de
couper tous ces corps de l'Empereur et de les anéantir probablement. La situation est vraiment menaçante.

L'Empereur quitta Slavkovo avec la garde; Junot
vint à Dorogobouj. La cavalerie russe se heurte, à
Maximovo, contre Davout arrivant de Fedorovskoïe;
Eugène et Poniatowski marchent sur Wiasma. Les cosaques n'hésitent pas à attaquer les derrières de Davout, malgré l'appui qu'il reçoit de Poniatowski,
Delzons et Broussier, dont les troupes ont fait demi-
tour aux premiers coups de feu pour venir le soutenir
Bientôt l'avant-garde d'infanterie russe arrive et repousse Eugène sur Miesoiedova.

En présence de cette attaque, un conseil de généraux français décide, en l'absence de l'Empereur, de
continuer la retraite. Eugène et Poniatowski par
Wiasma, suivis par Davout; Ney reste à Wiasma pendant le défilé des troupes, puis les suit. L'Empereur
prescrit des ordres sans s'inquiéter de ce qui a pu se
passer. Mais il faut bien reconnaître aussi, du côté

russe, que leur généralissime ne donne pas toute sa science. Au lieu de suivre avec sa cavalerie à Wiasma, il s'arrêta à Bikova. Il pouvait punir d'une façon irréparable l'insouciance de l'Empereur pendant cette même journée du 3 novembre.

Le 4, à la première heure, Napoléon apprit le résultat de la veille. Il ordonna d'attaquer l'armée russe sur une position entre le poste de Slavkovo et de Dorogobouj où Ney devait la pousser pour le 6 novembre. L'Empereur renonça vite à cette combinaison. Dès le 5, il se rend à Dorogobouj où l'armée française est à peu près entièrement concentrée, ayant Ney en arrière. Le 6, le grand quartier général est à Mikhaïlovka. Kutusow resta immobile, le 4, à Bykova ; le lendemain il marche sur Krasnoïe.

Dans l'armée française, à mesure que s'accentue la retraite, les difficultés grandissent et les souffrances augmentent. « La plupart des régiments ne se nourrissent que de viande des chevaux et des chiens qu'on rencontre souvent dans les villages incendiés, le long de la route ou dans les environs (*Von Lossberg*). » Tous les hommes, qui s'écartait de la route pour chercher des vivres, tombaient entre les mains de l'ennemi, dont la poursuite devenait de plus en plus active. La rigueur du froid vint augmenter nos embarras et nos souffrances... Après avoir ravagé tout le pays, nous étions réduits à nous entre-détruire, et cette extrémité était nécessaire » (*Fézensac*). « Les routes étaient couvertes de soldats qui avaient jeté leurs armes, et qui marchaient isolément ou par petits groupes. On ne quittait aucun bivouac sans y abandonner de nombreuses victimes du froid et de la faim » (*Von Guretzki-*

Cornitz). « Les chemins étaient jonchés d'hommes et de chevaux morts de fatigues ou de faim. Les hommes passaient outre en détournant les yeux ; quant aux chevaux, ils étaient de bonne prise pour nos soldats affamés » (*Constant*). « Il fallait vraiment une grande force d'âme, pour affronter chaque jour le spectacle de ces misères, sans perdre la raison ou tout au moins tomber dans le marasme » (*Von Lossberg*).

L'Empereur coucha à Breditchino le 8 ; il vint à Smolensk le 9, marchant à pied par une température de 9 à 10° au-dessous de zéro. C'est là que les troupes furent rassemblées le 13, après une marche accomplie au milieu d'un désordre indescriptible. 50.000 hommes à peine étaient disponibles.

A la même date, l'armée russe marchant par Gavroukovo, Bielii, Kholm, Jelnia, Baltoutino, Lapkovo, arriva à Chtchelkanovo, sur la route Smolensk-Mstislavl. Son avant-garde se trouvait à Tchervonnoïe, après avoir passé Kaskova, Alexéïevo, Lakhovo, Svertchkovo. Napoléon se désintéressa complètement de cette situation, il songea à secourir Victor que refoulait Wittgenstein craignant que Kutusow n'opère une jonction avec lui. Entre temps, l'Empereur fut prévenu de la situation de son aile droite également compromise ; il pensa aussi à l'appuyer.

Malheureusement, nous fûmes devancés par les Russes. Tchitchagow partagea son armée en fixant une mission spéciale à chacune des fractions. Sacken et 25.000 hommes devaient observer Schwartzenberg à Brest-Litouski. Schwartzenberg, renforcé de la division Durutte, ne tomba pas dans le piège. Il amena ses troupes sur le Bug, le franchit les 29 et 30 octobre, près de Drogitchin, occupa Semiatitchi, plus tard Svislotch, et échappa à la poursuite de Sacken. Tchitchagow, avec 38.000 hommes, s'était porté sur Slonim où il arriva le 6 novembre.

« Le 13 novembre, l'armée, directement placée sous les ordres de l'Empereur, ne comprenait plus que 36.000 hommes, suivis d'une troupe équivalente de traînards désarmés et qui dévoraient les vivres sans pouvoir rendre aucun service ; la cavalerie ne comptait plus que 500 hommes montés ; l'artillerie était pour ainsi dire intacte comme nombre de pièces, mais, faute d'attelages, il devint indispensable d'en détruire une grande partie et de ne conserver que 150 canons » (*Colonel Bernard*). Dès le 12, l'Empereur avait porté Junot en avant, le 13 ce fut Claparède, le 14 à 8 heures du matin, il quitta Smolensk avec la garde. Eugène doit en partir le 15, Davout et Ney le 16, le dernier, si l'ennemi ne se montre pas entreprenant, devait reporter son départ au 17 et marcher en arrière-garde, Davout le soutenant si besoin était.

Ce même jour 14 novembre, Kutusow est à Jourovo, son avant-garde à Sadorojïe, une extrême avant-garde à Krasnoïe. Il commit la lourde faute de ne pas nous attaquer, la victoire ne pouvait guère lui échapper.

Le 15, Napoléon est à Krasnoïe (18° de froid) ; au moment où les avant-gardes de la garde apparaissent elles reçoivent une violente canonnade. Nous ne répondîmes pas et nous arrivâmes sans encombre à Krasnoïe. Eugène, Davout et Ney sont concentrés à Loubnia ; Junot dépasse Krasnoïe, Kutusow restait immobile à Jourovo.

Du côté des Français, la journée se passa sans mouvement tandis que les Russes s'avançaient jusqu'à Novoselki, l'avant-garde à Nikoulina. Eugène évita cette dernière en se jetant à droite et en passant à Fomina pour gagner Krasnoïe, Davout parvient à Koritnia, Ney est à Smolensk, Junot du côté de Liadi.

Bien que la halte de l'Empereur à Krasnoïe en présence des forces supérieures de Kutusow, prêtes à l'anéantir semble une folle témérité, on ne peut que l'approuver. Sans doute, si Kutusow avait attaqué résolument avec toutes ses forces, il était peu probable que l'Empereur s'en fut tiré à son avantage, sa situation était devenue telle, qu'il n'était plus possible de tout sauver ; en revanche, si l'Empereur, se dérobant à l'attaque, s'était retiré sur Orcha, il était sûr d'avance de perdre les deux tiers de son armée, car Kutusow, enhardi par ce mouvement n'aurait pas manqué de barrer la route à Krasnoïe. Ce qu'il n'aurait osé faire contre l'Empereur, il l'eut certainement tenté contre Eugène, Davout, Ney arrivant isolément. Mais l'Empereur avait conscience du prestige de son nom, synonyme de victoire, et de la réputation de sa garde; tablant sur ces facteurs, il eut la hardiesse, la témérité si l'on veut, de s'arrêter à Krasnoïe, ce qui permettra à Eugène et à Davout de le rejoindre. Si dangereuse que fût cette résolution, c'était cependant la seule qui offrit encore une chance de salut, et nous ne pouvons qu'admirer l'Empereur d'avoir, dans une telle détresse, adopté la solution juste, en apparence téméraire, de préférence à l'autre, qui semble seulement plus prudente. (*Yorck de Wartenburg.*)

Il fallait à tout prix se débarrasser de cette avant-garde russe qui, à Nikoulina, barrait la route aux Français.

Le 17 au matin, l'Empereur, avec 15.000 hommes et 150 pièces, quitta Krasnoïe, tandis que Davout avec Broussier, qu'il venait de recueillir, soit 10.000 hommes, allait engager la lutte contre les Russes. L'attaque eut lieu à la fois en tête et en queue. Les divi-

sions Roguet et Morand attaquèrent le 3ᵉ corps russe
à Ouvarovo ; Davout réussit à forcer Miloradowich à
lui livrer la route de Krasnoïe. L'Empereur arriva à
Liadi où il trouva Eugène ; Davout les rejoint le soir,
tandis que Junot et les Polonais sont plus en avant.
Kutusow s'établit à Dobaïa avec son avant-garde à
Ouvarovo.

Dès son arrivée à Liadi, Napoléon prescrivit à Junot de s'établir fortement à Orcha et d'y constituer
un sérieux approvisionnement en vue de l'arrêt de
l'armée derrière le Dniepr. Il quitta Liadi le 18 et, en
arrivant à Doubovna, il apprit le résultat du combat de
Krasnoïe, et reçut de mauvaises nouvelles de ses autres
troupes : Victor avait trouvé devant lui un ennemi
fortement établi à Tchachniki ; il était revenu alors à
Tchereïa. Dombrowski avait été obligé de reculer devant Tchitchagow dont les troupes occupaient Minsk.
Ces deux ailes furent appelées d'urgence à Borissow.

L'Empereur était resté sans nouvelles de Ney, parti
de Smolensk le 17 à 2 heures du matin. Ce même soir,
le maréchal bivouaquait à Koritnia, et le 18 il se heur-
tait à 50.000 hommes et à 100 pièces de canon avec
lesquels Miloradowich barrait la route de Krasnoïe.
Ney voulait passer le Dniepr sur sa droite. Il apprit à
Danikowa, à quatre kilomètres de la rivière, qu'elle
devait être gelée à Sirokowitz. Le passage fut décidé
pour le milieu de la nuit. On abandonna tout ce qui
était inutile et les blessés. Le Dniepr fut franchi dans
d'aussi bonnes conditions que possible ; on surprit
même un poste de cosaques en plein sommeil à Gou-
sinïe.

Le 19, la colonne marchait sur la route de Liouba-

vitchi. Vers midi, d'importants détachements de cosaques de Platow tentèrent de l'arrêter. Les tirailleurs
suffirent pour les contenir quelques instants, mais
l'entrée en ligne d'artillerie força Ney à quitter la route
et à se jeter dans les bois qui bordent la rivière. Alors,
cette artillerie se déplaça et vint s'établir sur les crêtes
d'un ravin d'où elle comptait voir déboucher l'armée
française. Elle fut trompée dans son attente. Ney
changea sa direction, confiant à la brigade d'Hénin
(10ᵉ et 18ᵉ) la protection des derrières.

Le 18ᵉ de ligne suivit à distance ; le 10ᵉ commit
l'imprudence de rester immobile. Dans la soirée, alors
qu'aucun bruit ne troublait les abords des bois, tout-à-
coup se révéla une charge de cavalerie. Le général
d'Hénin, resté avec ce régiment, voulut rejoindre le
18ᵉ; mais, en arrivant aux abords du bois, il se heurta
à des cosaques. On profita de l'obscurité pour se soustraire à l'ennemi. Pendant une heure, les cosaques
suivirent, tuant et blessant quelques hommes. Le 18ᵉ
gagna enfin la plaine et se dirigea vers des feux qu'il
apercevait sur le sommet d'une colline ; quand les cavaliers étaient trop entreprenants, une salve les
contenait. En approchant des feux, la poursuite
se ralentit et permit de faire halte quelques instants
au milieu d'un village où les hommes trouvèrent quelques provisions. A une heure du matin, la colonne se
remit en marche et rejoignit l'armée.

Platow n'avait pas renoncé à son idée de couper la
retraite à Ney. En abandonnant la poursuite du 18ᵉ,
il avait porté ses troupes en avant, sur le flanc de l'armée française. Une artillerie nombreuse occupait solidement les crêtes par où les Français pouvaient dé-

boucher dans la plaine. Les projectiles russes parurent jeter le désordre dans l'armée de Ney ; alors Platow lança sa cavalerie. Les deux divisions françaises formèrent deux carrés et marchèrent sur les hauteurs de Zabukow ou Teolino, et là, se flanquant mutuellement, elles repoussèrent vingt fois les assauts de Platow. La nuit mit fin au combat ; à 9 heures du soir, Ney remit ses troupes en marche sur Orcha. C'est à une lieue de là qu'Eugène, envoyé par l'Empereur, recueillit Ney et lui permit d'échapper à l'ennemi. Il lui restait environ 800 hommes.

Pendant cette lutte, l'Empereur avait continué sa retraite. Junot et le 5ᵉ corps sont établis, le 21, à Tolotchin ; le grand quartier général est à Kamionka, la garde à Kokhanovo, Eugène et Davout à six kilomèmètres plus loin. Kutusow est à Lanitsi et son avantgarde à Goriamo.

A la suite de tous ces incidents, l'Empereur décida de tenir solidement le passage de la Bérézina, à Borissow.

CHAPITRE II.

La Bérézina.

Sommaire. — Premier choix d'un point de passage — Situation des armées. — Découverte de gués — Occupation de Borissow — Blâme à Victor. — Etablissement des ponts — Dispositions pour le passage — Combats sur la Bérézina — Le désastre — Les derniers jours de l'armée.

Le 20 novembre au matin, Berthier avait écrit à Victor : « Comme l'armée n'arrivera que le 25 ou le 26 à Borissow, il faut vous tenir en mesure d'arriver le 25 ou le 26, pour prendre l'arrière-garde de toute l'armée que Sa Majesté a l'intention de vous confier ». L'Empereur affirme, dans une autre lettre écrite le même jour à Maret, son intention de franchir la rivière à Borissow et de là marcher sur Minsk.

Quelle est à ce jour, 21 novembre, la situation des armées en présence ?

Kutusow et 50.000 hommes à Lanitsi, 15.000 hommes d'avant-garde à Goriamo ; Wittgenstein et 30.000 hommes à Tchachniki ; Tchitchagow et 34.000 hommes à Borissow ; de Sacken, poursuivi par Schwarzenberg avec 35.000 hommes, a 25.000 hommes à Cherechov.

Du côté français, en dehors de Schwarzenberg, alors à Radetchko, Junot, avec 200 hommes et 500 polonais, occupe Tolotchin ; l'Empereur, la garde et le reste de la cavalerie, soit 6.400 hommes, un peu à l'est de

Kokhanovo; Dombrovski, renforcé des 1.500 hommes des garnisons de Minsk et de Borissow, a 5.500 hommes à Borissow, en face des forces de Tchitchagow.

Dès le 22 novembre, à 2 heures 1/2 du matin, l'Empereur faisait part de ses craintes de voir Borissow occupé par les Russes avant son arrivée; il ordonna de marcher sur Lepel. Dans la journée, les craintes du souverain devinrent une réalité. Au moment où il arriva à Tolotchin, il apprit l'occupation de la tête de pont que les Russes avaient conquise, dès le 16 novembre, sur Bronikowski, et tombé définitivement en leur pouvoir le 21, à la suite des insuffisantes mesures de Dombrowski, qui avait recueilli Bronikowski. Les Russes incendièrent le pont. Il prescrivit à Oudinot, alors en marche de Bobr sur Borissow, de reprendre le pont ou, en cas d'impossibilité, de trouver un passage soit à Zembin ou à Berezino. Mais l'Empereur apprend qu'un gué existe à Veceliovo. Il modifie ses ordres à Oudinot et lui ordonne d'aller couvrir ce gué sur lequel il arrête son choix. Entretemps, une autre révélation est faite à l'Empereur.

Oudinot avait rappelé à lui la brigade Corbineau, qui observait les troupes de Steinheil. Chemin faisant, cette troupe de 700 cavaliers culbuta les 3.000 cosaques de Czernicheff et les refoula sur Borissow. Apprenant que la ville est occupée par des forces considérables, Corbineau résolut de franchir à nouveau la Bérézina pour rejoindre Oudinot. Un paysan le guida à Studianka, et sa troupe passa en colonnes, ne perdant que 20 hommes, malgré la rapidité du courant et les glaçons que charriait la rivière.

Oudinot prévint immédiatement l'Empereur de

cette découverte et de son intention de construire des ponts à cet endroit. Napoléon approuva cette décision et, le 24 au matin, il dépêcha les généraux Chasseloup et Eblé à Oudinot avec tout le matériel nécessaire pour le travail. En même temps, il constitua à Ney, avec la garnison de Mohilew, les Polonais et les débris du corps de Ney, une troupe pour lui permettre de tenir à Bobr jusqu'à l'arrivée de Davout et d'Eugène ; lui-même transfèra son quartier général à Lochnitsa. Oudinot fait des reconnaissances de la rivière à Studianka, à Stakhov et à Oukhpolodi. Il arrêta son choix sur le premier sans avoir reçu le rapport du général Aubry, chargé de la reconnaissance, et en prévint Berthier. Ce fut une grave faute, car le rapport d'Aubry, qui arriva plus tard, concluait à une situation des abords absolument défavorable. Il demandait des ordres. Il était minuit quand l'Empereur fut prévenu, et il éprouva un vif mécontentement de ce retard. Berthier écrivit à Victor ; après lui avoir rappelé qu'il devait se maintenir entre Wittgenstein et l'armée française : Vous n'en avez rien fait, de sorte que le général Steinheil s'est déjà joint à l'armée de Tormassow et a suspendu notre mouvement de passage de la Bérézina, qu'il est cependant si important, dans la situation où nous nous trouvons, d'opérer promptement. »

Si comme l'avait prescrit l'Empereur, les moyens de construction du pont eussent été prêts dans la journée du 24, on eut passé dans la nuit de ce jour, dans la journée du 25, et le 27 au matin toute l'armée française se fut trouvée sur la rive droite de la Bérézina. Ainsi, la perte de la division Partouneaux n'eut pas eu lieu, non plus que l'attaque de Wittgenstein sur Studianka ;

en un mot, on n'aurait pas à déplorer tous les malheurs qui arrivèrent *(Gourgaud).*

L'Empereur ordonna à Victor d'occuper Borissow, qu'Oudinot quittait pour s'établir à Studianka, avec la mission suivante, renfermée dans une lettre de Berthier datée du château de Staroï-Borissow, grand quartier général du 23 novembre.

« Je reçois votre lettre du 25 à 10 heures du matin. L'Empereur est étonné que vous ayez ôté l'arrièregarde qui couvrait la route de Bobr à Natcha et que vous ayez entièrement abandonné la route de Lepel à Borissow. Puisque vous êtes sur la route de Losnitza, cela est sans aucun remède ; ce surcroît d'encombrement nuira beaucoup à votre troupe. Il est fâcheux, puisque vous étiez en présence de l'ennemi, de ne l'avoir pas bien rossé. S'il vous a suivi et s'il vous inquiète, tombez-lui dessus avec votre arrière-garde et l'une de vos divisions. Demain, avant le jour, partez avec deux de vos divisions pour arriver à Borissow, et de là au point de passage.

« Il serait très dangereux d'évacuer Ratoulitchi si l'ennemi est en présence ; dans ce cas, vous devez faire volte-face avec un nombre de divisions égal à celui de l'ennemi, et le battre ; si vous faisiez autrement, vous compromettriez tous les corps qui sont à Kroupki. L'Empereur voit que l'ennemi vous a offert de belles occasions de le battre, et que vous n'avez jamais su en profiter. Je vous réitère l'ordre de l'Empereur, qui est que vous attaquiez l'ennemi, s'il est en vue de vous, cela est de la plus grande importance, s'il est en position de s'intercaler dans nos colonnes. Le quartier général de l'Empereur est à Borissow ce soir. Le passage de la rivière doit s'effectuer demain matin. »

Le 25 novembre, le général Eblé et sept compagnies de pontonniers, environ 400 hommes, arrivaient sur les lieux (1) :

« M. le général Chasseloup avait sous ses ordres plusieurs compagnies de sapeurs et les restes du bataillon du Danube (ouvriers de la marine). On laissa deux compagnies de pontonniers et une ou deux compagnies de sapeurs à Borissow pour attendre de nouveaux ordres et faire auprès du pont rompu et au-dessous, des démonstrations de passage. Le restant de la troupe partit, vers midi, avec les caissons d'outils et les forges pour se rendre au village de Veceliovo, où le passage avait été résolu. Ce village est situé à quatre lieues environ au-dessus de Borissow. On y arriva entre quatre et cinq heures du soir. Le roi de Naples, le duc de Reggio, les généraux Eblé et Chasseloup s'étaient aussi rendus sur ce point.

« Il fut convenu que l'on construirait trois ponts de chevalets, dont deux seraient exécutés par l'artillerie et un par le génie.

« Le 2ᵉ corps augmentait Veceliovo depuis deux jours; on avait construit, près de ce village, une vingtaine de chevalets avec des bois beaucoup trop faibles, de sorte que ces préparatifs sur lesquels on avait compté ne furent d'aucune utilité. Napoléon qui n'avait pu être informé de ce contre-temps, ordonna de

(1) Les circonstances dans lesquelles eût lieu la construction des ponts ont été racontées de tant de façons contradictoires, que nous croyons devoir en donner la relation écrite par le colonel d'artillerie Chapelle, chef d'état major du général Eblé, et le chef de bataillon Chapuis, commandant le 2ᵉ bataillon de pontonniers, telle quelle existe aux archives de la guerre.

jeter un pont à dix heures du soir, mais il y avait impossibilité absolue de mettre cet ordre à exécution.

« A cinq heures du soir, rien n'était donc encore commencé, et il n'y avait pas un moment à perdre. On se mit à l'ouvrage, on abattit des maisons, on en rassembla les bois pour servir, les uns à la construction des chevalets, les autres pour tenir lieu de poutrelles et de madriers. On forgea des clous, des clameaux ou crampons ; enfin, on travailla sans relâche et avec une grande activité toute la nuit.

« Afin de suppléer aux bateaux ou nacelles, dont on manquait, on construisit trois petits radeaux, mais les bois qu'on fut forcé d'employer, faute d'autres, étaient de dimensions si faibles, que chaque radeau ne pouvait porter au plus que dix hommes.

« Le 26, à huit heures du matin, Napoléon donna l'ordre de jeter les ponts ; on en commença aussitôt deux, éloignés l'un de l'autre d'environ 100 toises. En même temps, quelques cavaliers passèrent la rivière à la nage, ayant chacun un voltigeur en croupe et l'on passa successivement trois à quatre cents hommes d'infanterie sur les radeaux.

« On s'attendait à une forte résistance de la part de l'ennemi dont les feux avaient été très nombreux pendant la nuit. Cependant les Russes ne prirent aucune disposition sérieuse pour s'opposer à la construction des ponts.....

« Le général Eblé n'avait pu vérifier dans la nuit la largeur de la rivière qu'on lui avait assuré être de 40 toises. Il reconnut au jour et pendant qu'on travaillait à l'établissement des deux ponts, que cette largeur était de plus de 50 toises. Alors, M. le général Chasséloup, qui avait déjà déclaré le matin qu'il était dans l'impossibilité de faire construire un troisième pont pour le génie, mit à la disposition du général Eblé les sapeurs et les chevalets qu'ils avaient construits.

« Le nombre des chevalets ne suffisant pas encore pour les deux ponts et pour remédier aux accidents, on en continua la construction pendant toute la journée. A une heure après midi, le pont de droite fut achevé. Il était destiné pour l'infanterie et la cavalerie seulement, parce qu'on n'avait pu employer pour le couvrir que de mauvaises planches de quatre à cinq lignes d'épaisseur.....

« Le pont de gauche, spécialement destiné pour les voitures et dont on avait été obligé de suspendre la construction pendant deux heures, afin de pousser avec plus de vigueur celle du pont de droite, fut terminé à quatre heures.....

« Au lieu de madriers ou fortes planches dont on manquait entièrement, on avait employé, pour le tablier de ce pont, des rondins de 15 à 16 pieds de longueur sur trois ou quatre pouces de diamètre. Les voitures, en passant sur ce tablier raboteux. faisaient éprouver au pont des secousses d'autant plus violentes, que toutes les recommandations étaient le plus souvent inutiles pour empêcher beaucoup de conducteurs de voitures de faire trotter leurs chevaux. Les chevalets s'enfonçant inégalement sur un sol vaseux, il en résultait des ondulations et des inclinaisons qui augmentaient les secousses et faisaient écarter les pieds des chevalets. Ces graves inconvénients que l'on n'avait eu ni le temps ni les moyens de prévenir, causèrent les trois ruptures dont il va être question.

« A huit heures, trois chevalets du pont de gauche
s'écrasèrent. Ce funeste événement consterna le général Eblé, qui, sachant combien les pontonniers étaient
fatigués, désespérait presque de réunir sur-le-champ
le nombre d'hommes nécessaires pour travailler avec
promptitude à des réparations aussi urgentes. L'ordre
s'était heureusement maintenu. Les officiers étaient
établis à des bivouacs avec leurs compagnies. On ne
demanda que la moitié de la troupe ; mais ce ne fut
pas sans peine que l'on parvint à tirer d'auprès du
feu, où ils étaient endormis, des hommes harassés
de fatigue. Des menaces eussent été bien infruc-
tueuses : la voix de la patrie et celle de l'honneur
pouvaient seules se faire entendre à ces braves, qui
étaient aussi fortement stimulés par l'attachement et
le respect qu'ils portaient au général Eblé.

« Après trois heures de travail, le pont fut réparé, et
les voitures reprirent leur marche à onze heures.

« Le 27, à deux heures du matin, trois chevalets du
pont se rompirent dans l'endroit le plus profond de
la rivière. La seconde moitié des pionniers que le général Eblé avait eu la sage précaution de laisser reposer, fut employée à réparer ce nouvel accident. On
y travaillait avec ardeur, lorsque M. le général comte
Lauriston arriva sur le pont. Montrant une impa-
tience bien naturelle, il se plaignait de la lenteur d'un
travail qu'on ne pouvait cependant pousser avec plus
d'activité et peignait vivement les inquiétudes de
Napoléon. Pendant qu'on était occupé à déblayer les
bois à l'endroit de la rupture, le général Eblé faisait
construire sous ses yeux des chevalets dont il avait
lui-même choisi les bois, M. le général Lauriston se

fit conduire près de lui ; il y resta jusqu'à ce que les
trois chevalets dont on avait besoin fussent prêts, et
tous deux les précédèrent, faisant face à la foule qui
devenait déjà très grande. Après quatre heures du
travail le plus pénible, la communication fut rétablie
à six heures du matin. A quatre heures du soir, le
passage fut encore suspendu pendant deux heures au
pont de gauche, par la rupture de deux chevalets. Ce
troisième accident fut heureusement le dernier.

Au pont de droite, sur lequel il ne passait que des
hommes et des chevaux, les chevalets ne se rompirent
pas, mais on fut constamment occupé à réparer le
tablier formé par un triple lit de vieilles planches
ayant servi à la couverture des maisons du village,
et qui, n'ayant pu être fixées solidement, se déran-
geaient à chaque instant. Les pieds des chevaux les
brisaient et passaient quelquefois à travers ; en sorte
qu'on était obligé de les remplacer souvent. Pour diminuer les fatigues des ponts, on avait couvert leurs
tabliers avec du chanvre et du foin, qu'il fallait renouveler fréquemment. Malgré ce fâcheux contre-
temps, le passage s'effectua avec assez de promptitude
par les troupes, qui avaient conservé l'ordre et marchaient réunies. »

La position des armées, le 25 novembre, était : la
garde à Borissow, Oudinot à Stoudianka, Ney entre
Lochnitsa et Niémanitsa, Eugène à Natcha, Davout
entre Natcha et Kroupki, Victor à Ratoutiltchi, Kutusow est à Kopys, avec son avant-garde à Tolotchin,
Wittgenstein à Baranie, Tchitchagow à Sabachevitchi
et Oucha, une division à Brili.

Le 26, l'Empereur porte son quartier général à Stoudianka, suivi de sa garde. Le lendemain, il arrêta les dispositions pour le passage de la rivière.

« Le duc de Bellune gardera les ponts et la ville de Stoudianka ; il enverra des partis pour ne pas être surpris par les mouvements de l'ennemi ; il mettra le meilleur ordre possible au passage des ponts et veillera à ce qu'on travaille à les tenir en état.

« Le vice-roi passera dans la nuit avec son artillerie, et prendra son bivouac au village brûlé, en arrière de la jeune garde.

« Le prince d'Eckmühl passera demain, dans la matinée, avec son artillerie, et prendra également position en arrière du village brûlé.

« On fera passer jour et nuit toutes les voitures de bagages et des officiers blessés ; tout cela se dirigera sur Zembine.

« L'intendant général fera passer dans la nuit les bataillons des transports militaires qui étaient à la suite de la garde ; ils serviront à évacuer tous les blessés du duc de Reggio, de l'affaire d'hier ; en conséquence, le chef d'état-major et l'ordonnateur feront connaître le lieu où se trouvent les blessés.

« Il est nécessaire que le duc de Bellune prenne une bonne position hors du village, sur les hauteurs, avec son infanterie, artillerie et cavalerie, afin de pouvoir tenir là plusieurs jours et jusqu'à ce que toutes les voitures, bagages et effets quelconques soient passés. »

Le 2ᵉ corps passa le premier, sous les yeux de l'Empereur, le 26 novembre, sur le pont de droite. 10 000 hommes, dont 600 cavaliers, se trouvèrent en mesure de faire face à l'avant-garde de Tchitchagow. Une première attaque fut repoussée. Napoléon craignant l'arrivée de nouveaux renforts russes fit passer la garde pour renforcer Oudinot. Le 27, de 8 heures à 11 heures du matin, les troupes d'Eugène, de Ney, de Poniatoswky, de Junot et de Davout étaient sur la rive droite ; il ne restait plus que Victor devant les ponts et les 4.000 hommes de la division Partouneaux à Borissow.

Tchitchagow hésita à croire que le lieu de passage choisi par les Français à Stoudianka n'était pas une feinte, les croyant réellement à Borissow. Le 27, au soir, il acquit la conviction que les rapports de son avantgarde étaient exacts, il se dirigea sur Stoudianka, pour y exécuter une attaque combinée avec Wittgenstein et Kutusow, le premier opérant sur la rive droite, les autres par la rive gauche. L'Empereur, avec ses 40.000 hommes, allait avoir à faire face à 72.000 Russes, et en quelques heures à 120.000.

Tchitchagow avait, à la faveur de la nuit, jeté une partie de ses troupes sur la rive droite en utilisant le pont de Borissow à moitié détruit. Il arriva à l'improviste sur la division Partouneaux, isolée de tout soutien par plus de douze kilomètres.

D'où venait l'ordre à cette troupe de conserver cet isolement ?

La lumière n'est pas encore faite sur ce point.

« M. de Ségur assure que le général Partouneaux se préparait à sortir de Borissow lorsque l'ordre lui vint d'y passer la nuit, que ce fut l'Empereur qui le lui envoya. Ce fait est inexact ; l'Empereur n'envoya pas l'ordre à Partouneaux de passer la nuit à Borissow. Ce général déclare lui-même que ce fut un officier qui le lui porta de la part du prince de Neuchâtel. Mais alors cet officier devait être chargé d'un ordre écrit; car ceux du major-général, portés par d'autres officiers que ses aides-de-camp, l'étaient toujours. D'ailleurs, ce n'était point la marche ordinaire, et rien n'obligeait à la changer. Si Napoléon eût voulu que la division Partouneaux restât pendant la nuit du 27 au 28 dans Borissow, il aurait chargé le prince de Neuchâtel de prescrire cette disposition au maréchal Victor; ou bien, s'il eut voulu directement donner cet ordre au général Partouneaux, il lui aurait envoyé un de ses officiers d'ordonnance; or, aucun ne reçut cette mission..... Dans la journée du 26, dans la nuit qui suivît, et dans la journée du 27, presque toute l'armée française avait passé la Bérézina, à l'exception du corps de Victor. L'occupation de Borissow, pendant la nuit du 27 au 28, par le général Partouneaux, était donc non seulement inutile, mais elle n'eut servi qu'à compromettre la retraite de sa division; car ainsi que nous venons de le dire, cette division se retirant le 27, tout l'effet qu'on devait attendre de la présence des troupes françaises à Borissow était produit (*Gourgaud*) ».

Dès l'attaque des Russes, Partouneaux forma ses troupes sur trois colonnes, protégées par un bataillon du 55°, en arrière-garde et chargé de détruire les ponts de la Ska. Le général commit la grosse faute de fractionner ses troupes au lieu de les réunir pour un suprême effort. Il commandait personnellement la colonne de droite, mais chemin faisant il se trompa de route et entraîna avec lui les deux autres colonnes qui le suivirent dans ce mouvement. La division se heurta à 20.000 russes. Elle soutint une lutte acharnée pendant une partie de la nuit. Le lendemain, Partouneaux convaincu qu'il était coupé du gros de l'armée et ne voulant pas sacrifier inutilement ses hommes, capitula. L'arrière garde passa la Bérézina et réussit à gagner Stoudianka

La journée du 28 donna lieu à une bataille générale, sur la rive droite; elle fut engagée par la cavalerie Doumerc, sur la gauche de Tchitchagow qui fut mise en déroute.

Sur la rive gauche, Victor, avec ses 10.000 hommes, luttait contre 40.000. Un moment, sa droite, prise d'écharpe par l'artillerie de Diebitch, allait céder. Il lance son infanterie : dans un superbe assaut contre quarante pièces d'artillerie, elle refoule l'ennemi. Le centre et la gauche russes allaient être enfoncés par cette infanterie, tandis que l'aile droite cédait devant la cavalerie de Fournier. Mais les réserves de l'adversaire sont amenées et remettent les choses au point; Victor peut battre en retraite en ordre et sauver ainsi les ponts.

Des événements graves s'étaient produits aux ponts, pendant la canonnade de Diebitch.

« Les boulets et les obus, tombant alors au milieu d'une foule serrée d'hommes et de chevaux, y firent un ravage épouvantable. L'action de cette masse se portant elle-même vers la rivière, produisit de grands malheurs. Des officiers, des soldats furent étouffés ou écrasés sous les pieds des hommes et des chevaux. Un grand nombre d'hommes jetés dans la Bérésina y périrent, d'autres se sauvèrent à la nage ou atteignirent les ponts, sur lesquels ils montèrent en se cramponnant aux chevalets. Une grande quantité de chevaux furent poussés dans la rivière et restèrent pris dans les glaces. Des conducteurs de voitures et de chevaux les ayant abandonnés, la confusion fut sans remède ; ces chevaux, errant sans guide, se serrèrent et en se serrant formèrent une masse presque impénétrable.

« Le feu cessa de part et d'autre, vers cinq heures, à l'entrée de la nuit ; mais le passage, retardé par une succession continuelle d'obstacles, ne s'effectuait plus qu'avec une lenteur désolante. Dans cette situation, vraiment désespérante, le général Eblé fit faire un grand effort pour débarrasser les avenues des ponts et faciliter les marches du 9° corps, qui devait se retirer pendant la nuit. Cent cinquante pontonniers furent employés à cette opération ; il fallut faire une espèce de tranchée à travers un encombrement de cadavres d'hommes et de chevaux, de voitures brisées et renversées ; on y procédait de la manière suivante :

« Les voitures abandonnées qui se trouvaient dans le chemin que l'on pratiquait étaient conduites sur le pont par les pontonniers qui les culbutaient dans la rivière. Les chevaux qu'on ne pouvait contenir sur le nouveau chemin étaient chassés sur le pont avec les précautions de n'en faire passer qu'un petit nombre à la fois pour éviter les accidents. On pratiqua, à droite et à gauche de la tranchée, des ouvertures pour faciliter l'écoulement des hommes à pied et des voitures qui restaient encore attelées. Il ne fut pas possible de détourner les cadavres des chevaux, le nombre en était trop grand, et les hommes et les voitures qui devaient nécessairement passer par dessus avant d'arriver aux ponts, éprouvaient de grandes difficultés. » (*Rapport Chapelle-Chapuis*).

Le 29, à une heure du matin, les dernières troupes étaient de l'autre côté de la rivière. Mais, sur la rive gauche, de nombreuses bandes d'officiers, de soldats malades ou blessés, de femmes et d'enfants s'étaient établies au bivouac. Au lieu de suivre les troupes, tout ce monde préféra se reposer et les adjurations de Victor et d'Eblé restèrent sans effet.

Le général Eblé ayant reçu l'ordre de brûler les ponts, allait commencer cette opération quand tout ce monde se réveilla et se précipita sur les ponts déjà léchés par les flammes. Ce fut une répétition du désastre de la veille, et il eut été encore plus terrible sans l'arrivée des cosaques qui emmenèrent prisonniers plus de cinq mille personnes, les arrachant à la mort.

Le 29, à 9 heures 1/2 du matin, les ponts étaient entièrement détruits. Le général Eblé et sa troupe se replièrent derrière l'armée sur la route de Zambin.

C'était l'épilogue « de cette grande armée qui avait fait trembler l'Europe ; elle cessa d'exister sous le rapport militaire, dit de Chambray ; il ne lui resta d'autre voie de salut que la fuite ». Elle comptait à peine 8.000 hommes, en un état que l'Empereur a dépeint lui-même dans une lettre à Maret, datée de Zanivki, le 29 novembre.

« L'armée est nombreuse, dit le souverain, mais débandée d'une manière affreuse. Il faut quinze jours pour les remettre aux drapeaux, et quinze jours, où pourra-t-on les avoir ? Le froid, les privations ont débandé cette armée. Nous serons sur Vilna : pourrons-nous y tenir ? Oui, si l'on peut y tenir huit jours ; mais, si l'on est attaqué les huit premiers jours, il est douteux que nous puissions rester là. Des vivres, des vivres, des vivres ! sans cela il n'y a pas d'horreurs auxquelles cette masse indisciplinée ne se porte contre cette ville. Peut-être cette armée ne pourra-t-elle se rallier que derrière le Niémen. Dans cet état de choses, il est probable que je croie ma présence à Paris nécessaire pour la France, pour l'Empire, pour l'armée même. »

Au milieu de ces amers souvenirs, le passage de la Bérésina laissait des enseignements qu'il est bon de méditer encore de nos jours.

C'est armé de cette force morale que Bonaparte se sortit d'une des pires situations où un général se soit jamais trouvé. Mais certainement la force morale ne fit pas tout ; la vigueur de son intelligence et la vertu guerrière de son armée, que les éléments les plus destructeurs n'avaient pu vaincre complètement, se firent voir, là encore une fois dans tout leur éclat. Bonaparte après avoir vaincu toutes les difficultés de cette heure dangereuse, disait à son entourage : « Vous voyez comme on passe à la barbe de l'ennemi ».

Bonaparte avait sauvé complètement l'honneur et même acquis une gloire nouvelle. Le résultat n'en était pas moins encore un grand pas de fait vers la destruction complète de son armée.

. . . .

On ne peut accuser Kutusow d'une faute absolue qu'en une circonstance. Il savait que Tchitchagow et Wittgenstein devaient s'opposer au passage de l'ennemi à la Bérésina et le forceraient à s'arrêter. Ceci était écrit dans le plan imposé par l'Empereur. Dans ces circonstances, il aurait dû suivre l'armée française à une marche près. Si donc un arrêt à Krasnoïe était inévitable, il eut dû réparer cette perte de temps par deux fortes marches, pour pouvoir atteindre le 27 Borissow, où l'armée française arrivait le 25 et le 26. Au lieu de cela, il se trouvait encore à

Krugloje, à quatre marches de là, son avant-garde entra à Borissow le 28 ; lui-même prit la route directe de Minsk par Usoza. Ici il ne s'agissait pas d'obtenir un résultat plus ou moins complet, mais de porter à ses subordonnés l'aide qu'il leur devait. Ce point là doit donc être jugé d'une manière un peu différente que sa conduite à Krasnoïe (*Clausewitz*).

Le 5 décembre au soir, à Smorgoni, au milieu de ses maréchaux, l'Empereur arrêta son départ pour Paris ; il remit le commandement des débris de la grande armée à Murat. La retraite s'accomplit au milieu de souffrances inouïes. « Le froid toujours à 23 degrés, écrivait Berthier à l'Empereur, de Kowno le 12 décembre, on dit même qu'il a été jusqu'à 25, avait hébété presque tous les hommes ; la plus grande partie avait les pieds et les mains gelés. » Le 8, Murat était à Vilna avec la garde et quelques milliers d'isolés ; Ney commandait l'arrière-garde — 2.400 hommes que Tchitchagow refoula sur la ville. Murat jugea impossible de prendre ses quartiers d'hiver à Vilna. Il en partit le 10, avec Ney, pour Kowno. La misère grandit toujours et le tableau que l'on peut faire de cette armée s'assombrit de plus en plus : « Je dois le dire à votre Majesté, écrit encore Berthier à l'Empereur, toute l'armée est totalement débandée, même sa garde, qui à peine présente 400 à 500 hommes. Généraux, officiers ont perdu tout ce qu'ils avaient, presque tous ont différentes parties du corps gelées, les routes sont couvertes de cadavres et les maisons en sont remplies. L'armée ne forme plus qu'une colonne de plusieurs lieues, qui part au jour et arrive le soir sans ordre ».

Faut-il rappeler la montée de Ponari, à une heure de Vilna, où la route était un véritable miroir de glace ; le trésor de l'armée, les quelques pièces d'artillerie qui suivaient et les voitures furent abandonnés, le tout devint la proie des cosaques. Le 14, Ney, Gérard et Marchand soutinrent encore une lutte des plus énergiques contre les cavaliers russes qui avaient franchi le Niémen sur la glace et allaient nous couper la route. Devant tous ces incidents, Murat ne savait plus quelle direction prendre : tantôt Tilsitt, tantôt Gumbinnen ou Kœnigsberg.

Une grave nouvelle parvint à Murat à Kœnigsberg le 1er janvier 1813 : la convention de Tauroggen par laquelle la Russie admettait la neutralisation du corps prussien qui avait pris part à la campagne dans les rangs français.

Enfin Schwarzenberg bénéficiait de la même faveur et rentrait en Galicie. Nos deux ailes étaient dégarnies. Murat comprit toute l'étendue du péril qui le menaçait alors ; il remit à Eugène son commandement et partit pour Naples.

Les Russes nous suivirent jusqu'à la Vistule. Ce fut leur dernière étape de la poursuite.

En moins de sept mois, 300.000 hommes, dont 25 généraux, étaient morts sur la terre russe, victimes du « châtiment du dédain obstiné de l'Empereur, pour l'avenir de son peuple et de son armée, dont il n'a pas su faire l'*éducation* » ainsi que le dit York de Wartenburg.

CONCLUSIONS.

Ce qui nous frappe dans la préparation gigantesque
.de la guerre de 1812, c'est la disproportion entre l'effectif des armées russes et celui de la grande armée.

Dès 1811, Napoléon connaissait, à 10.000 hommes
près, les forces russes et leur répartition sur la frontière occidentale de leur empire ; il savait quels renforts les armées russes pourraient recevoir, et, par
conséquent, avait dû apprécier le nombre total de ses
futurs ennemis.

Napoléon n'était pas sans avoir réfléchi aux difficultés d'entretien qui empêchaient le gouvernement russe
de mobiliser et de transporter sur sa frontière occidentale des troupes très nombreuses.

Tout le monde sait, en effet, qu'avant la construction des chemins de fer, les Russes étaient incapables
d'opérer dans leur propre pays, avec de grandes armées, faute de pouvoir les entretenir.

A une époque relativement récente, la campagne de
Crimée fournit un exemple des difficultés et des pertes
qu'ont dû subir les Russes pour ravitailler et maintenir au complet la garnison de Sébastopol, ainsi que
l'armée d'observation de cette place.

Napoléon aurait eu beaucoup de chances de réussir, si, au lieu de rassembler, en 1812, une armée de
500.000 hommes composée d'éléments disparates et
de valeur très diverse, il s'était borné à constituer une

armée franco-polonaise de première ligne, ne dépassant pas 250 à 300.000 hommes.

Là où il est possible d'entretenir une armée de 250.000 hommes avec tout l'attirail qu'elle comporte on se trouvera parfois dans l'incapacité de pourvoir à l'entretien d'une force double.

Lorsque Bagration exécuta les marches rapides qui lui permirent d'échapper à l'étreinte de l'aile droite française et des colonnes lancées de Vilna sur Minsk sous le commandement du maréchal Davout, il ne disposait que de 50.000 hommes.

L'armée russe principale, commandée par Barclay, ne comptait pas plus de 110.000 hommes au moment où elle quitta les environs de Vilna pour se porter sur Drissa.

Que pouvaient contre des armées aussi légères les grosses masses de la grande armée?

Napoléon semble avoir cédé à la folie du nombre.

Ne possédant plus, sauf au corps Davout, des troupes aguerries, disciplinées, fortes par le moral et l'entraînement physique, il a voulu racheter la qualité par la quantité.

Mais 100 soldats de qualité inférieure font moins que 20 combattants de choix et consomment cinq fois plus.

De même pour les chevaux.

Le besoin d'atteler des charrois immenses et la constitution hâtive d'une cavalerie très nombreuse amenèrent dans les formations de la grande armée un grand nombre de chevaux de 4 et de 5 ans, sans compter beaucoup d'autres produits médiocres, incapables

les uns et les autres, de supporter les fatigues d'une campagne même estivale.

L'erreur de Napoléon paraît avoir été de réunir en une seule armée de 1ʳᵉ ligne divisée, à la vérité, en 3 groupes de corps d'armée, toutes les troupes affectées à la campagne de Russie, sauf le 9ᵉ corps en voie d'organisation sur le territoire prussien.

Il aurait dû, ce nous semble, faire de la grande armée deux parts :

L'armée de campagne, ou de 1ʳᵉ ligne ;

L'armée d'occupation, ou de 2ᵉ —

A l'armée de campagne, les opérations actives — marches et batailles — à l'armée d'occupation, la garde des flancs et la conservation du territoire conquis.

Certains auteurs ont reproché à Frédéric de n'avoir pas su se dégager de l'ordre linéaire pour adopter l'ordre fractionné ; de même, on pourrait critiquer Napoléon de n'avoir pas divisé ses forces en armées autonomes.

Mais, à l'une et à l'autre époque, l'organisation fut absolument adéquate au milieu, autrement dit, en harmonie avec les institutions sociales, politiques et militaires préexistantes.

Napoléon avait créé la guerre combinée de corps d'armée succédant à la guerre de petites armées isolées ; peut-on lui faire un reproche de n'avoir pas organisé, faute de communications électriques, la guerre combinée d'armées ?

La critique la mieux fondée vise donc la mise en 1ʳᵉ ligne de toutes les forces disponibles, environ 450.000 hommes, quand l'ennemi ne pouvait lui op-

poser qu'un nombre inférieur à la moitié de cet
effectif.

Si l'on admet par la pensée, que l'armée d'opérations eut été composée des 5 premiers corps d'armée,
de la garde et de 3 corps de cavalerie, présentant un
effectif de 800.000 hommes environ, il fut resté, pour
couvrir les flancs et occuper les derrières, 5 corps
d'armée ou 150 à 200.000 hommes. .

En supposant que les premières manœuvres de la
campagne eussent amené la défaite des Russes, l'armée d'opérations, laissant derrière elle des détachements pour assurer la garde du territoire conquis, en
attendant l'arrivée des troupes d'occupation ou d'éta-
pes, aurait atteint le seuil de Smolensk, à ne jamais
dépasser, avec 180 ou 200.000 hommes.

Un tel égrénement s'impose : il faut donc le prévoir
et l'organiser.

En 1812, la grande armée s'est affaiblie d'elle-même,
par suite des fatigues et des privations, contrairement
aux prévisions et à la volonté de son chef.

Napoléon, dans ses Mémoires, oppose, comme
moyens de défense à ses détracteurs, que « sur 400.000
hommes ayant franchi la Vistule, 240.000 furent laissés entre ce fleuve et le Borysthène (Dniepr); 160.000,
seulement, passèrent le pont de Smolensk pour marcher sur Moscou. De ceux-ci, 40.000 restèrent pour
garder les magasins, les hôpitaux et les dépôts de
Dorogobouj, Wiasma, Ghjatsk, Mojaïsk ; 100.000
entrèrent à Moscou; 20.000 avaient été tués ou blessés pendant la marche et à la grande bataille de la
Moskowa. »

Ces chiffres sont probablement vrais, d'une façon

absolue, mais ils sont inexacts, au point de vue relatif.

La réduction de la grande armée s'est opérée toute seule et dans une proportion formidable, à partir de Kowno, de Preni et de Grodno, autrement dit, dès le passage du Niémen.

Si les éléments de cette armée, laissés en arrière à partir de la Vistule, eussent été des forces organisées, le retour des 100.000 hommes de Moscou, se fût opéré sur le Dniepr sans difficulté sérieuse et la grande armée eût pris ses quartiers d'hiver en Lithuanie.

Napoléon a donc moins préparé une campagne à conduire pas à pas, en consolidant l'occupation du territoire conquis, que l'exécution militaire de la puissance russe.

En le supposant éclairé sur les difficultés d'entretien qu'il n'a pas prévues dans toute leur étendue, croit-on que les 250 ou 300.000 hommes de l'armée de 1re ligne eussent trouvé en arrière, à l'ouest de la Dvina et du Dniepr, des ressources suffisantes pour y passer l'hiver de 1812-1813 ?

L'expérience des cantonnements de Pologne en 1806-1807 permet de conclure négativement.

Si donc le but de la guerre de 1812 est discutable, les moyens employés ne le sont pas, et, tout au moins, ne correspondaient pas aux difficultés d'entretien d'une armée de plusieurs centaines de mille hommes, pendant tout un hiver, dans un pays aussi pauvre que la Lithuanie, à une distance énorme des centres de production.

Si nous passons aux opérations proprement dites, nous constatons deux plans distincts, répondant à deux hypothèses bien définies, très différentes l'une de l'autre.

Le premier vise l'offensive russe dirigée de Grodno, de Bielostok et de Brecz sur Varsovie, prêtant ainsi le flanc aux groupes du centre et d'aile gauche pendant la marche en échelons que ceux-ci exécuteront depuis la Basse-Vistule jusqu'au Bas-Niémen.

Les mesures adoptées par Napoléon pour répondre à cette offensive sont admirables ; elles consistaient essentiellement à faire défendre la Narew inférieure, ensuite la Vistule, entre Praga et Modlin par l'aile droite, pendant que le centre et l'aile gauche change- raient de direction à droite, puis viendraient respec- tivement sur Ostrolenka, Lomza et Bielostok, en 4 ou 8 jours de marche, dans le flanc droit et sur les derrières du gros des forces ennemies.

Une telle disposition reposait sur l'exploitation de l'esprit offensif attribué aux Russes depuis les événe- ments de la campagne de 1806-1807.

Ce furent la forme des frontières occidentales de l'empire moscovite et l'appât constitué de l'ancienne capitale de la Pologne qui firent naître dans le cer- veau de Napoléon l'idée de la marche en échelons, l'aile gauche en avant, l'aile droite jouant le rôle de pivot défensif, et le tout constituant une manœuvre préparatoire à l'enveloppement.

Ce plan de Napoléon consistait donc essentielle- ment à opposer une couverture défensive de 80.000 hommes, sur la Narew et la Vistule, aux forces prin- cipales de l'adversaire présumées en marche sur Var- sovie et à se ménager une masse de manœuvre de 300.000 hommes en dehors du flanc de cette marche.

Encore une fois, ce dispositif était admirablement approprié aux circonstances de lieu et de doctrine attribuée à l'adversaire. Son principal défaut fut de ne pas avoir tenu compte du nouvel esprit qui animait depuis quelque temps l'état-major russe.

Le second plan de Napoléon admet que l'armée de Bagration se portera vers Grodno pour se joindre à l'armée de Barclay lorsque l'état-major russe apprendra le mouvement de l'aile gauche et du centre français sur le Niémen inférieur.

Cette dernière prévision s'est réalisée.

Mais les moyens employés pour retenir ou retarder Bagration auprès de Bielostok furent illusoires et, tout au moins, insuffisants.

La répartition de la grande armée en 3 parties, la plus forte à l'aile gauche, comme masse de manœuvre, la plus faible à droite, pour immobiliser Bagration et s'accrocher à lui au cas où il voudrait se réunir à Barclay vers Grodno ou Vilna, visait l'exploitation à la suprême puissance de l'économie des forces.

Toutefois, la prudence conseillait d'attribuer à la masse de droite, chargée de contenir l'ennemi de front ou de s'oppposer à son mouvement retrograde, un effectif nettement supérieur aux forces de Bagration.

Que dire du choix de Jérôme, le moins expérimenté des généraux français, pour une mission si délicate et si difficile ?

Après que Bagration eut échappé à l'enveloppement de l'aile gauche arrivée, en partie, dans les derniers jours de juin, à Vilna, l'Empereur aurait dû faciliter par tous les moyens possibles la réunion des deux armées russes qui, une fois ensemble, lui eussent offert la bataille, au plus tard, à Vitebsk.

Au contraire, Napoléon déploya les plus grands efforts pour rejeter Bagration dans les marais de Pinsk en interposant Davout entre lui et Barclay. — (*Général Bonnal. — Cours de l'Ecole supérieure de guerre*).

*
* *

En Russie, Napoléon avait contre lui l'étendue immense du pays, et ce fait qu'il y avait deux capitales éloignées l'une de l'autre. Il espérait compenser l'effet moral qu'allaient perdre ainsi ses succès militaires par deux choses : la faiblesse du gouvernement russe et les dissensions qu'il pouvait réussir à semer entre ce gouvernement et les grands de l'Etat. Ces deux espérances furent trompées, et c'est pourquoi l'abandon et la destruction de Moscou lui furent si contraires. Il avait espéré agir moralement de là sur Saint-Pétersbourg et sur toute la Russie.

Dans ces circonstances, il est simplement logique que Bonaparte ait cherché à arriver à Moscou, si possible, d'un seul élan.

Les effets de l'étendue du territoire et de la possibilité d'une guerre nationale, en un mot, tout le poids de ce grand Etat russe ne pouvait se faire sentir qu'au bout d'un certain temps, mais il pouvait devenir écrasant si on ne l'emportait pas dans un premier et rapide assaut.

Bonaparte devait compter ne finir cette guerre qu'après deux campagnes ; mais ce n'en était pas moins une grosse chose pour lui que d'occuper Moscou pendant la première campagne.

176 — 176 at top

S'il possédait cette capitale, il pouvait espérer étouffer tous les préparatifs d'une résistance ultérieure, en cherchant à en imposer au moyen des forces qui lui resteraient, à troubler en tous sens l'opinion et en détournant le peuple du sentiment de ses devoirs.

Si, au contraire, Moscou restait aux mains des Russes, il s'établirait peut-être là, pour la prochaine campagne une si vigoureuse résistance que les forces, nécessairement affaiblies de Bonaparte, pourraient ne plus suffire à la surmonter. En un mot, il crut, par la prise de Moscou, avoir franchi le pas difficile.

Ceci nous paraît être la manière de voir naturelle d'un homme comme Bonaparte. Il faut se demander seulement si un tel plan n'était pas impraticable en Russie et si l'on n'aurait pas pu en préférer un autre.

Nous ne sommes pas de cet avis. Battre l'armée russe, la détruire et s'emparer de Moscou était un but qu'on pouvait atteindre dans une campagne ; mais nous pensons qu'il fallait ajouter à ce but une condition essentielle : être encore redoutable à Moscou.

Nous croyons savoir que Bonaparte a négligé cette condition par suite de l'orgueilleuse légèreté qui était la caractéristique de sa personnalité.

Quel est donc cet autre plan de campagne qu'on a trouvé après coup si raisonnable ou, comme on dit volontiers plus, méthodique ?

Bonaparte aurait dû s'arrêter au Dniepr et à la Dvina, dans tous les cas déterminer la campagne avec la prise de Smolensk, s'établir ensuite sur le territoire conquis, assurer ses ailes, se ménager ainsi une base d'opérations meilleures, appeler les Polonais aux armes, augmenter ainsi sa force offensive et marcher ensuite sur Moscou, après avoir repris haleine et étant en meilleure condition.

Tout cela paraît bon lorsqu'on ne l'examine pas de plus près et si l'on ne songe pas à le comparer avec les espérances que le plan suivi par Bonaparte pouvait présenter.

D'après le plan qu'on préconise, Bonaparte eut dû, pendant cette première campagne, se borner au siège de Riga et de Bobruisk ; c'étaient, en effet, les deux seules places fortes de la région. Il eut choisi pour l'hiver une ligne défensive qui du golfe de Riga aurait suivi la Dwina jusqu'à Vitebsk, gagné Smolensk et ensuite longé le Dniepr jusqu'à Rogatchew ; elle se fût prolongée en arrière du Prézipiec (Pipret) et de la Muchawiec (Moukhaviets) jusqu'au Bug. Une telle ligne eut comporté une étendue de 200 milles.

Bonaparte eut donc clos la campagne sans avoir vaincu l'armée russe ; celle-ci fut en quelque sorte restée intacte et Moscou n'eut pas même été menacé. Des forces russes, qui au début de la guerre étaient encore faibles et s'étaient presque doublées au cours de la campagne, auraient eu le temps de se former tout à fait et, pendant l'hiver, auraient pu commencer une offensive contre la ligne extrêmement étendue des Français. Bonaparte n'avait aucun goût pour se prêter à un tel rôle, et ce qu'il avait de pire c'était qu'une victoire gagnée dans ces conditions ne l'eut conduit à rien parce qu'il n'eut pas su que faire en hiver ou même à la fin de l'automne avec ses forces victorieuses et ne pouvait avoir d'objectif. Il était ainsi condamné d'avance à toujours parer les coups des

Russes sans jamais pouvoir espérer leur en porter à son tour (*Clausevitz*).

*
* *

L'expédition de Russie présente un des plus grands désastres de l'histoire.

Elle avait été préparée cependant avec de grands frais, avec beaucoup de soin et avec une remarquable prévoyance ; mais les manœuvres et les batailles n'y donnent plus les résultats accoutumés. La ténacité des armées russes et l'étendue du pays paralysent nos efforts. La profondeur des lignes d'opérations, la difficulté des approvisionnements, la grandeur de l'entreprise paraissent avoir dépassé la mesure du génie même de Napoléon.

Il faut remarquer, en outre, que l'Empereur se laisse tromper à Moscou par des négociations simulées, lui qui jusqu'alors s'était montré aussi habile dans la diplomatie que dans la guerre ; il ne commence véritablement sa retraite qu'aux premiers jours de novembre, c'est-à-dire après son mouvement sur Kalouga, à une époque où l'hiver arrive à grands pas, même dans nos climats.

Enfin, il y a un enseignement à tirer de la campagne de 1812 ; elle nous montre qu'une guerre défensive a de grandes chances de succès, même contre une offensive puissante, quand elle est conduite avec prudence, méthode et fermeté ; quand on évite de compromettre son armée ; quand on recule avec ordre, en entraînant l'ennemi loin de ses points d'appui et de ses renforts ; quand on est favorisé par la configuration du terrain et soutenu par le patriotisme des habitants. C'est ce que nous avions vu pour la campagne de 1810 en Portugal ; c'est ce que l'on voyait encore en Espagne dans la même guerre et vers le même temps (*Lieutenant-colonel Vial*).

TABLE DES MATIÈRES

PREMIÈRE PARTIE
PRÉLIMINAIRES DE LA CAMPAGNE.

CHAPITRE PREMIER
Causes politiques.

CHAPITRE II
La préparation militaire.

CHAPITRE III
Marche de l'armée française sur le Niémen.

DEUXIÈME PARTIE
OFFENSIVE DE L'ARMÉE FRANÇAISE : LA MANŒUVRE DE VILNA.

CHAPITRE PREMIER
Opérations contre l'armée russe de Lithuanie.

CHAPITRE II
Opérations contre l'armée de Volhynie.

CHAPITRE III
Opérations contre Wittgenstein et Tormazow.

TROISIÈME PARTIE
MOSCOU.

CHAPITRE PREMIER
La manœuvre de Smolensk.

CHAPITRE II
La Moskova.

CHAPITRE III
Moscou

QUATRIÈME PARTIE
LA BÉRÉSINA.

CHAPITRE PREMIER
De Moscou à la Bérésina.

CHAPITRE II
La Bérésina.

Dijon. — Imp. Pillu-Roland.

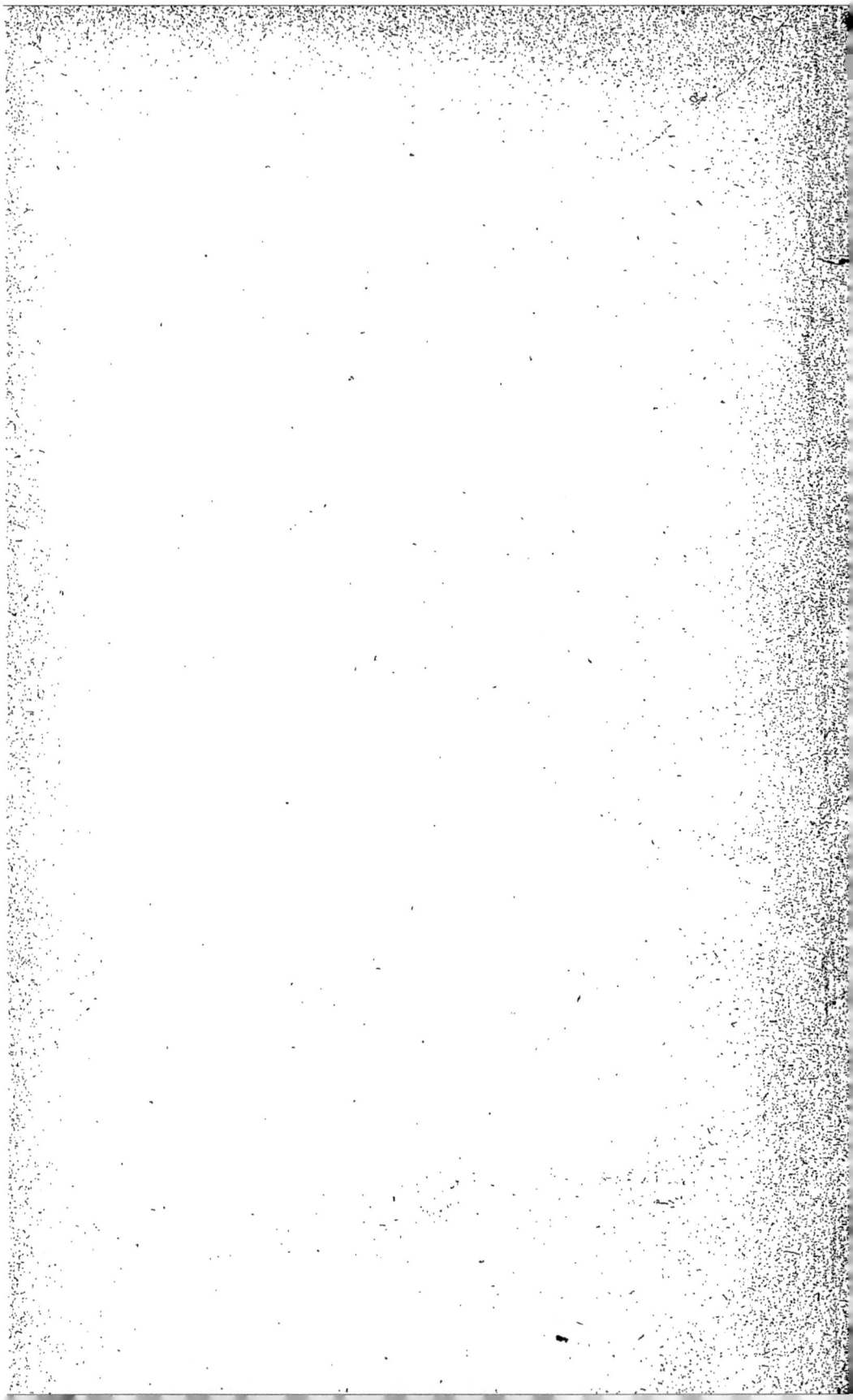

www.ingramcontent.com/pod-product-compliance
Lightning Source LLC
Chambersburg PA
CBHW072019080426
42733CB00010B/1753